Inge Friedl

Weihnachten, wie's früher war

Erinnerungen, Geschichten und Bräuche

S

Bescherung im Bauernhaus Moar z'Winklern in Irdning

Inhalt

Ein Buch als Geschenk durfte unter keinem Christbaum fehlen!

Wie's früher war

Weihnachten war früher einfach schöner. Die Wohnung duftete nach Vanillekipferln, am Heiligen Abend läutete das Glöckchen und der wunderschönste aller Christbäume stand im Wohnzimmer. Die Geschenke waren eine einzige Freude und natürlich gab es auch immer weiße Weihnachten und Schnee in Hülle und Fülle. War es so? Oder täuschen uns die Erinnerungen?

Für dieses Buch habe ich mit Menschen in Stadt und Land sehr persönliche Gespräche über den Advent und die Weihnachtszeit ihrer Kindheit geführt. Ich wollte die Weihnachtsstimmung von früher einfangen, den Zauber der alten Weihnacht, wenn man so will. Man kann darüber lächeln, aber wir tragen in uns eine Sehnsucht nach Weihnachten, „wie es früher war". Ich denke hier an das (alleinstehende) Ehepaar, das jahrelang Weihnachten ignorierte, weil es ihnen zu kommerziell und zu kitschig erschien. Dann jedoch beschlossen sie wieder – nur zu zweit – Weihnachten zu feiern, so wie sie es aus ihrer Kindheit kannten: mit dem Besuch der Adventmärkte, Keksen und gutem Essen, rührenden Weihnachtsfilmen, geschmücktem Christbaum, Liedern, Geschichten und dem Auspacken der Geschenke – alles genau so, wie es früher war.

So wie diese beiden sehnen sich heute viele nach „ursprünglichen" Weihnachten ohne viel Drumherum. Denn eines ist klar: Die Stille und die Besinnlichkeit rund um das Weihnachtsfest scheinen uns abhandengekommen zu sein, so manches Ritual ebenso. In unserer globalisierten Welt, in der jederzeit alles möglich und verfügbar zu sein hat, fällt es uns schwer, uns auf die besondere Stimmung der Advent- und Weihnachtszeit einzulassen. Ein kluger Mann erklärte es so: Der alte Jahreszyklus war für die Menschen wie ein Geländer, an dem sie sich festhalten konnten. Uns fehlt heute eine solche Orientierungsmöglichkeit, vieles wird austauschbar.

Früher hatte alles seine Zeit und seinen Platz. Meine Gesprächspartner erklärten mir etwa den besonderen Sinn des Kathreintages, der die ruhige Adventzeit vorbereitete. Vor allem aber erklärten sie mir den Unterschied zwischen Advent und

Weihnachten, der früher ein großer war. Heute nimmt der geschäftige Advent das Fest schon fast vorweg, während er früher tatsächlich noch eine stille Zeit war, eine Warte- und Vorbereitungszeit auf das hohe Fest. Ein weiterer Unterschied zu heute: Kekse wurden früher erst kurz vor Weihnachten gebacken, da sie – ausnahmslos – erst ab dem Heiligen Abend gegessen werden durften.

Dieses Buch nimmt uns mit auf eine nostalgische Reise durch die Advent- und Weihnachtszeit vom Beginn des Advents bis zum „offiziellen" Ende des Weihnachtsfestkreises zu Lichtmess am 2. Februar. Wer will, kann es als „Geländer" betrachten, das uns ausgehend von St. Kathrein über die vier Adventsonntage bis zum Heiligen Abend und durch die Weihnachtsfeiertage führt. Möge es eine Anregung sein, die heute hektische „stille" Zeit ein wenig zu entschleunigen.

Inge Friedl

Bald ist Advent

Der Winter kann auch für uns heute der „Einwärts“ sein, die Zeit, in der wir all das pflegen, was „innen“ ist.

St. Kathrein stellt den Tanz ein

Plötzlich Advent? Ob wir uns darauf freuen oder ob wir uns davor fürchten, die Vorweihnachtszeit kommt jedes Jahr verlässlich auf uns zu. Vielleicht fragen wir uns, wie wir es diesmal endlich schaffen können, was wir tun müssen, um den Advent besinnlich zu verbringen. Mit dieser Frage aber liegen wir schon grundsätzlich falsch. Denn es ist keine Leistung, zur Ruhe zu kommen. Wir müssen auch keine Liste abarbeiten, ehe wir still werden dürfen. Im Gegenteil, je mehr wir uns darum bemühen, desto schwieriger wird es – weil das ja schon wieder Druck verursacht.

Die Wiener Mundartdichterin Trude Marzik schreibt 1992 in ihrem Gedicht über den Dezember: „Die Kinder können si no gfreun und rundum voll Erwartung sein. Für uns, die wir erwachsen san, fangt der Stress erst richtig an."

Blicken wir zurück, wie es früher war. Der Kathreintag, der 25. November, stellte eine Zäsur im Vorwinter dar. Viele Dinge gingen an diesem Tag zu Ende und Neues begann. Die Weidezeit war endgültig vorbei und die Tiere blieben nun den ganzen Tag im Stall. Die Bienenstöcke wurden von den Wiesen geholt und wieder unter das Dach gestellt. Genau am Kathreintag holte man auch die Spinnräder wieder hervor. Die Zeit der Schafschur hatte schon begonnen und ab dem nächsten Tag, dem 26. November, konnte man zu spinnen beginnen. All diese Dinge deuteten darauf hin, dass man sich ab sofort dem Haus zuwendete und weniger Zeit im Freien verbrachte.

Am letzten Samstag vor Kathrein fand die allerletzte Tanzveranstaltung für lange Zeit statt, der Kathreintanz. Erst am Dreikönigstag wird es wieder offiziell erlaubt sein, zu musizieren und zu tanzen. Man sagte: „Kathrein sperrt Bass und Geigen ein" und „Kathrein stellt den Tanz ein". Das Ganze war – hart gesagt – nichts anderes als ein religiös begründetes Tanzverbot. Im Advent sollten sich die Menschen auf Weihnachten vorbereiten. Sie sollten fasten und ihr Glaubensleben vertiefen und dabei weder tanzen noch aufwendig feiern.

Verbot? Fasten? Das klingt für unsere Ohren doch eher schlimm. Wem sich da sofort alle Haare aufstellen, der übersieht womöglich den Nutzen solcher alten Vorschriften.

Der Kathreintag, der 25. November, war ein Signaltag. Er signalisierte den Menschen, dass eine stille Zeit kommt. So wie man einem Kind, das dauernd am Computer spielt, seinen Internetzugang sperrt und es so zur Ruhe bringt, so half dieser Tag, dass die Betriebsamkeit nachließ.

Nun muss man natürlich erwähnen, dass wir hier von einem Leben ohne Fernsehen, ohne Computer, ohne Handy und mit sehr eingeschränkter Mobilität reden. Noch bis in die 1970er-Jahre nannte man in den ländlich geprägten Gegenden Österreichs jede Tanzveranstaltung „Unterhaltung". Man sagte: „Dort ist eine Unterhaltung! Gehen wir dorthin!" Das zeigt den Stellenwert, den diese Feste hatten, sie waren Treffpunkt, Dating-Plattform, Tratschbörse und Tanzveranstaltung („Disco") in einem.

Damit war jetzt Schluss. Jede Art der Freizeitbeschäftigung fand ab diesem Zeitpunkt in den Privaträumen statt. Auch weil die Arbeit draußen getan war, zog man sich ins Haus zurück. Man spielte Karten, erzählte sich Geschichten und redete miteinander, die Frauen sponnen oder strickten, die Männer reparierten Werkzeuge und man tat etwas, das heute fast völlig in Vergessenheit geraten ist: Man sang miteinander Lieder.

Einst teilte man das Bauernjahr in nur zwei Jahreszeiten, den „Auswärts" und den „Einwärts". Im „Auswärts", dem Frühlings- und Sommerhalbjahr, fand das Leben in erster Linie draußen statt. Im Winterhalbjahr, etwa ab Michaeli, dem 29. September, begann man sich langsam mehr und mehr „einwärts" zu orientieren, und zu Kathrein sollte jeder Bauer mit dem Ackern fertig sein. Es hieß: „Zu Kathrein sperrt der Bauer Pflug und Tanz ein." Nun war wirklich die ruhige Jahreszeit gekommen.

Winterruhe statt Hektik. Früher war der Sommer die Zeit der größten Betriebsamkeit und Aktivität, der Winter hingegen die Zeit der Ruhe und Entspannung. Heute ist es genau umgekehrt. Im Sommer hat man Ferien und erholt sich. Und ausgerechnet der Dezember ist der turbulenteste Monat mit der größten Hektik. Der natürliche, alte Jahreslauf wird damit komplett auf den Kopf gestellt.

Unserer Seele und unserem Körper allerdings tut es gut, wenn wir im Einklang mit dem natürlichen Jahresrhythmus leben. Im Sommer mit seinen langen Sonnentagen haben wir so viel Energie, dass wir weniger Schlaf brauchen. Ganz anders im Winter. Der Mangel an Tageslicht verstellt unsere innere Uhr. Je kürzer die Tage und je länger die Nächte werden, desto mehr wird vom Schlafhormon Melatonin produziert. Es steuert unseren Schlaf- und Wachrhythmus und wird in der Dämmerung und in der Dunkelheit produziert. Wir sind also naturgemäß weniger aktiv. Da der Körper im Winter auch am Tag vermehrt Melatonin ausschüttet, ist es sehr klug, sich diesem Rhythmus anzupassen und nicht gegen ihn zu arbeiten. So, wie sich die Natur im Winter zurückzieht, um Kräfte zu sammeln, so brauchen wir genauso eine Art „Winterschlaf". Auch wir dürfen unsere Kräfte jetzt schonen und könnten die Zeit am Ende des Jahres nützen, um Rückschau auf Vergangenes und Ausschau auf Neues zu halten. Der Winter kann auch für uns heute der „Einwärts" sein, die Zeit, in der wir all das pflegen, das „innen" ist.

Ein kluger Mann erklärte es so: Der alte Jahreszyklus war für die Menschen wie ein Geländer, an dem sie sich festhalten konnten. Sie wussten: Halt! Jetzt ist Kathrein! So wie die Natur zur Ruhe kommt, darf ich das jetzt auch tun.

Uns fehlt heute so ein „Geländer". Immer und überall scheint alles möglich zu sein. Ob Sonntag oder Werktag, ob Sommer oder Winter, ob Advent oder Weihnachtszeit – es gibt immer weniger Unterschiede und keine Rhythmen mehr. Alles wird austauschbar.

St. Kathrein sperrt's Handy ein. Bräuche müssen in unser Leben passen. Man kann und soll nicht alte Bräuche eins zu eins unreflektiert übernehmen. Der St.-Kathreintag, wie er einst war, hat in vielen Bereichen nichts mehr mit unserem Leben zu tun. Es würde uns aber guttun, den tiefen Sinn der Zeitenwende an diesem Tag zu verstehen.

Kaum ein Mensch weiß heutzutage noch, dass der Advent eine Fastenzeit ist – man mag es bei der Fülle an Weihnachtsgebäck und Lebkuchen kaum glauben. Bekannter ist die Fastenzeit vor Ostern, in der viele ganz oder teilweise auf Alkohol, Süßigkeiten, Fleisch oder anderes verzichten. Ja, es ist geradezu modern geworden! Die Fastenangebote sprudeln nur so aus dem Boden – Fastenhotels, Fastenklöster, Fastenbegleiter, Fastenyoga – alles Begriffe, die in unserem Leben plötzlich Platz haben. Tatsache ist: Jeder bewusste Verzicht schärft unsere Sinne und lässt Vorfreude entstehen. Eines der wichtigsten Dinge, das man beim Fasten lernt, ist, sich bewusst zu machen, was man wirklich braucht und was nicht.

Wie wäre es also mit einer Handy-Diät im Advent? Man könnte auch digital fasten, sich also beim Internetkonsum zurücknehmen. Wer Ruhe sucht, entkommt der Musikberieselung in den Geschäften auch im Advent nicht. Aber das Autoradio in dieser Zeit nicht einzuschalten und daheim den Fernseher gar nicht oder nur sehr bewusst zu nutzen, das liegt in unserer Hand.

Im alten Kirchenjahr nannte man die Adventzeit „Tempus clausum", also geschlossene Zeit. Man beschränkte sich in vielen Dingen und sperrte manches auch aus, Musik und Tanz etwa, wie gesagt. Damit schuf man einen geschützten Raum, eine Klausur, in der draußen bleibt, was stört.

Nehmen wir doch den Kathreintag zum Anlass, all jenes aus unserem Leben für einige Wochen auszusperren, was uns auf Trab hält, uns zu sehr ablenkt oder uns die Zeit „stiehlt". Halten wir es mit „unserem" Kathreinsverzicht wie die Menschen früher mit den Tanzverbot. Ganz offiziell dürfen dann ruhige, besinnliche Wochen des Innehaltens beginnen. Der Kathreintag sagte es an: „Jetzt ist es Zeit."

Adventkranz – selbst gemacht

Ein traditioneller Adventkranz besteht aus **Tannenzweigen**. Da er immerhin vier Wochen passabel aussehen soll, eignen sich Fichtenzweige nicht so gut, da sie schneller die Nadeln verlieren. Ella Trippl, eine Bäuerin aus dem steirischen Stanzertal, empfiehlt Tannenzweige auch deshalb, weil sie so gut duften. Sie erklärt, wie man einen Adventkranz bindet und schmückt:

1.

Zuallererst sollte man genügend Tannenzweige bereitlegen. Außerdem braucht man Blumendraht, Gartenschere, Adventkerzenhalter und einen Kranz-Rohling. – Ella Trippl bog sich früher aus Haselstecken ein **ringförmiges Gerüst**, heute empfiehlt sie einen Stroh-Rohling aus dem Bastelgeschäft oder dem Baumarkt.

2.

Ein paar Zweige auf den Kranz legen und mit Blumendraht fixieren. Die kleineren Zweige kommen von außen nach innen an den Kranz, die größeren nach außen.

3.

Das nächste Bündel leicht versetzt, wie Fischschuppen, über das Ende der bereits befestigten Zweige legen. An der Außenseite ein bisschen dichter arbeiten als innen, so lange, bis der komplette Kranz mit Grün bedeckt ist.

1

2

3

4

4.

Nun wird der Kranz mit Blumendraht in Form gebracht. Man kann ihn struppig lassen oder die längeren Äste festbinden, um einen gleichmäßigen Adventkranz zu erhalten.

5.

Ella Trippl verwendet vier weiße Kerzen, so, wie es in ihrer Familie immer Brauch war. Das **violette Band** wird auf klassische Art so um den Kranz gelegt, dass es nur jeweils einmal zwischen jeder Kerze gewickelt wird.

Die Farbe der Kerzen war traditionell unterschiedlich. In den Bauernhäusern waren die Kerzen oft rot. In Frau Trippls Elternhaus verwendete man nur weiße oder cremefarbige Kerzen. In katholisch geprägten Gegenden waren drei weiße oder violette und eine rosa Kerze gebräuchlich. Die andersfarbige wurde am dritten Adventsonntag, dem sogenannten **Freudensonntag**, entzündet und symbolisierte die Vorfreude auf Weihnachten.

Überhaupt spielt die Farbensymbolik im Advent eine große Rolle. Die zentrale Farbe im Advent ist Violett als Symbol für Besinnung, Buße und Umkehr. Früher war es in den meisten Häusern undenkbar, dass das Band am Adventkranz eine andere Farbe als Violett haben könnte. Aber auch rote Bänder waren, vor allem in Bauernhäusern, sehr beliebt. Die Kerzen hingegen waren immer weiß.

Rot steht für die Liebe, mit der Jesus zu den Menschen kam. Weiß bedeutet Licht, Friede und Vollkommenheit und ist das farbliche Symbol für Christus. Diese Farben sowie der gesamte Adventkranz an sich mit seinen nach und nach entzündeten Kerzen symbolisieren den Weg von dunkler Finsternis zur hellen **Erleuchtung**, zur Geburt von Jesus Christus.

Der erste Advent

Wie oft noch schlafen bis Weihnachten?
Nun beginnt die Zeit der Vorfreude
und des Wartens auf das Fest.

Wir sagen euch an …

Noch 24 Tage, dann ist Weihnachten. Der Beginn der Adventzeit ist genau jetzt. Nicht im November, nicht irgendwann im Dezember, sondern am ersten Adventsonntag. Man sagt, zu einem guten Ende gehört auch ein guter Beginn. Das gute Ende wäre in diesem Fall ein schönes Weihnachtsfest, so, wie wir es uns vorstellen und ersehnen, und der gute Beginn wäre der erste Advent, der uns auf das Fest vorbereitet und einstimmt.

Wenn der Advent allerdings gar nie richtig anfängt, sondern die Vorweihnachtszeit schon schleichend Ende Oktober beginnt, wann beginnt dann die Zeit des Wartens? Wann die Vorfreude? Es ist wohltuend, den ersten Tag der Wartezeit so zu gestalten, dass man merkt: Jetzt beginnt's!

Genau aus diesem Grund wurde der Adventkranz erfunden. Wir wissen sogar fast auf den Tag genau das Datum, wann dies geschah: Es soll Ende November des Jahres 1839 gewesen sein. Sein Erfinder, Johann Hinrich Wichern, war der Leiter eines evangelischen Heims für obdachlose Kinder und Jugendliche in Hamburg. Er hatte die Not der verwahrlosten Kinder in den Arbeiterbezirken der Stadt gesehen. Viele von ihnen landeten auf der Straße und drifteten in die Kriminalität ab. Mithilfe eines reichen Gönners konnte er einen alten Bauernhof kaufen und dort 1833 mit den ersten vierzehn Buben im Alter von fünf bis achtzehn Jahren einziehen. Wicherns Pädagogik bestand darin, so wenig Druck und Zwang als möglich auszuüben und dafür die Kinder die Liebe Gottes erleben zu lassen.

Naturgemäß hatte in einem solchen Haus die Weihnachtszeit einen hohen Stellenwert. Wie alle Kinder fragten sich auch Wicherns Schützlinge: Wie oft muss ich noch schlafen bis Weihnachten? Wann ist es endlich so weit? Wichern hatte eine Idee, wie man dies den Kindern anschaulich zeigen konnte. Es war die Geburtsstunde des Adventkranzes, der anfangs aber eher unserem heutigen Adventkalender glich. Er nahm ein großes Wagenrad und befestigte darauf so viele Kerzen, wie es Tage vom ersten Advent bis zum Heiligen Abend waren. Vier große, weiße Kerzen symbolisierten die Adventsonntage, kleinere, rote Kerzen die Wochentage. Aus diesem Adventrad hat sich im Lauf der Zeit unser Adventkranz entwickelt. Zunächst wurde das Rad mit Tannenreisig geschmückt, dann die Anzahl der Kerzen vermindert und schließlich das Rad durch einen Reisigkranz ersetzt.

Der Adventkranz verbreitete sich in Deutschland recht rasch. Im mehrheitlich katholischen Österreich konnte er sich erst mehr als hundert Jahre nach seiner Erfindung durchsetzen. Dafür aber änderte er hier seinen Namen vom deutschen „Adventskranz" in den österreichischen „Adventkranz".

Warum Rituale wichtig sind. In den 1960er-Jahren erlebte ein kleiner Bub in einer obersteirischen Industriestadt die Adventzeit auf besondere Art. In seiner Familie hatten Feste und Feiern keinen besonderen Stellenwert. Aber man hatte einen Adventkranz, das schon. Die Kerzen wurden, weil es so der Brauch war, immer sonntags angezündet. Dies geschah ohne weiteren Aufwand, es wurde weder gesungen noch eine Geschichte vorgelesen oder gebetet. Der Bub nahm nun das Wenige, das an Festlichkeit da war, mit all seinen Sinnen auf: das Licht, die Kerzen, das Tannengrün, der Rhythmus des sonntäglichen Anzündens und die daraus entstandene Vorfreude auf Weihnachten.

Eines Samstagabends sah die Familie gemeinsam eine damals beliebte österreichische Fernsehsendung mit der Fernsehlegende Heinz Conrads an. Dieser zündete die Kerzen am Adventkranz schon samstags an. Das Kind war verwirrt. Durfte man das? Der Bub liebte das Ritual des sonntäglichen Kerzenlichts. Wie alle Kinder mochte er Dinge, die sich wiederholen und immer gleich bleiben. Es verunsicherte ihn, dass jemand sein gewohntes Ritual verändert hatte, aber gleichzeitig wünschte er sich sehr, dass seine Familie mit Heinz Conrads mitfeierte und auch zur selben Zeit die Kerzen anzündete.

All das hat dieses Kind seinen Eltern nie gesagt, sondern für sich behalten. Der Bub hat damals ganz allein für sich erkannt, dass ihm ein vertrautes Ritual guttut, aber auch, dass es in Gemeinschaft mit anderen, am besten mit seiner Familie, noch wesentlich schöner wäre.

In vielen Familien war es früher und ist es heute noch der Brauch, sich in der Adventzeit zumindest einmal in der Woche um den Adventkranz zu versammeln. In gläubigen Familien wird gebetet oder ein Text aus der Bibel vorgelesen. Man kann auch schon die leere Futterkrippe, die auf Weihnachten hinweist, aufstellen und nach und nach mit Stroh füllen. Man kann singen oder Geschichten vorlesen. Gerade das Vorlesen hinterlässt bei Kindern einen starken Eindruck. Jeder von uns weiß meist noch ganz genau, wie es war, als Oma, Opa, Mama oder Papa uns vorgelesen haben.

Rituale helfen uns nicht nur dabei, unseren Alltag zu strukturieren, sondern sie helfen uns auch zu feiern. Gerade Kinder schätzen es sehr, wenn sie wissen, was sie erwarten dürfen und worauf sie sich freuen können. Dies gilt für das Weihnachtsfest genauso wie für die Adventfeier. Das kann auch für die Erwachsenen entlastend sein: Man muss das Feiern nicht jedes Jahr neu erfinden, man darf sich in den gewohnten Ritualen geborgen und sicher fühlen. Das Versammeln um den Adventkranz kann eine Gelegenheit sein, sich als Familie Zeit füreinander zu nehmen und sich, so wie es im Lied heißt, gemeinsam zu besinnen: „Sehet, die erste Kerze brennt."

Die österreichische Lehrerin Maria Ferschl verfasste den Text dieses Liedes im Jahr 1954. Im selben Jahr entstand die Melodie. Obwohl es sich hier also um ein „junges" Adventlied handelt, gehört es doch schon zum festen Repertoire unseres Liederschatzes.

Beim Singen des Liedes kann man bei jeder Strophe jeweils eine Kerze des Adventkranzes anzünden. Es eignet sich sehr gut für die Feiern an den vier Adventsonntagen; auch, weil es in jeder Strophe eine andere biblische Aussage birgt.

Wir sagen euch an den lieben Advent

1.

Wir sagen euch an den lieben Advent.
Sehet, die erste Kerze brennt.
Wir sagen euch an eine heilige Zeit.
Machet dem Herrn die Wege bereit.
Freut euch, ihr Christen, freuet euch sehr!
Schon ist nahe der Herr.

2.

Wir sagen euch an den lieben Advent.
Sehet, die zweite Kerze brennt.
So nehmet euch eins um das andere an,
wie auch der Herr an uns getan.
Freut euch, ihr Christen, freuet euch sehr!
Schon ist nahe der Herr.

3.

Wir sagen euch an den lieben Advent.
Sehet, die dritte Kerze brennt.
Nun tragt eurer Güte hellen Schein
weit in die dunkle Welt hinein.
Freut euch, ihr Christen, freuet euch sehr!
Schon ist nahe der Herr.

4.

Wir sagen euch an den lieben Advent.
Sehet, die vierte Kerze brennt.
Gott selber wird kommen, er zögert nicht.
Auf, auf, ihr Herzen, und werdet licht.
Freut euch, ihr Christen, freuet euch sehr!
Schon ist nahe der Herr.

Text: Maria Ferschl (1895–1982)
Melodie: Heinrich Rohr (1902–1997)

Weniger ist mehr. Heute geht oft gar nichts mehr ohne einen aufwendigen, selbst gemachten Adventkalender mit 24 Geschenken, die jedes für sich schon als Präsente für den Heiligen Abend durchgehen könnten. Zusätzlich zum Adventkranz gibt es in vielen Haushalten nicht nur einen, sondern meist gleich mehrere Adventkalender. Es gibt gekaufte und gebastelte Kalender, solche mit und ohne Schokolade, mit Sackerln und Packerln, die – seien wir ehrlich – viel Unnötiges enthalten, das keiner braucht.

Besonders für Mütter kann die Adventkalenderbastelei ganz schön anstrengend werden. Die Kalender werden immer beeindruckender und optisch immer anspruchsvoller. Da kann es schon sein, dass so manche Mama selbst einen „Anti-Stress-Adventkalender" braucht, den es übrigens tatsächlich zu kaufen gibt.

Wenn wir etwas vom Advent, wie er früher war, lernen können, dann ist es der Ratschlag: Weniger ist mehr. Dazu die Erinnerungen einer Frau aus dem städtischen Bereich an die 1960er-Jahre. Sie bekam Jahr für Jahr einen kleinen Adventkalender aus Papier mit Klapptürchen: „Der Kalender war nicht groß, aber es war unheimlich viel zu sehen. Jeden Tag hab' ich ihn in die Hand genommen und immer wieder von Neuem alle Details studiert. Manchmal war der Kalender ein bisschen mit silbernem Glitzer verziert, das hat mir besonders gut gefallen. Hinter den Türchen waren eigentlich nur Kleinigkeiten, Tannenzweige, Lebkuchen, Spielsachen."

Es muss auch nicht schon Anfang Dezember die Wohnung perfekt adventlich dekoriert sein. Der Adventkranz muss auch nicht jedes Jahr immer stylisher und kreativer gestaltet werden. Nehmen wir stattdessen den Anfang der Adventzeit bewusst wahr. Achten wir in einer Welt, die sich ständig verändert und die uns laufend mit Neuem konfrontiert, auf die ruhigen, leisen Dinge.

Blühen sie – oder blühen sie nicht?

Am 4. Dezember, so will es der Brauch, schneidet man Obstzweige, traditionell Kirschzweige, aber auch Zwetschken-, Forsythien- oder manche andere Zweige sind möglich. Am besten eignen sich Zweige mit zahlreichen Knospen. Es muss jedoch der 4. Dezember, der Barbaratag, sein, an dem sie geschnitten werden, will man „echte" Barbarazweige zum Blühen bringen.

Wenn sie bis zum Weihnachtstag erblühen, dann bedeutete das früher, dass in der Familie im kommenden Jahr eine Hochzeit ansteht, oder zumindest Glück und Freude für die Familie zu erwarten ist. In manchen Gegenden wurde auch für jedes Familienmitglied ein Zweig ins Wasser gestellt, mit Namen beschriftet und dann mit Spannung beobachtet, welcher wohl zuerst beziehungsweise pünktlich erblüht.

Der Brauch geht auf eine Legende zurück, nach der die heilige Barbara auf dem Weg ins Gefängnis mit ihrem Gewand an einem Zweig hängen geblieben ist. Sie nahm den Ast in den Kerker mit, stellte ihn dort in ein Gefäß mit Wasser und er erblühte genau an dem Tag, an dem sie hingerichtet wurde. Eine andere Lesart der Legende berichtet, dass in der Weihnachtszeit auf dem Grab der Heiligen Blumen geblüht hätten.

Wir, die wir heute das ganze Jahr über frische Schnittblumen kaufen können, tun uns schwer zu begreifen, warum ausgerechnet die Barbarazweige eine solche Bedeutung haben sollen. Ohne Gewächshäuser und ohne Transporte von weither war der tiefe Winter früher eine Zeit ohne frisches Gemüse, ohne Obst – außer dem eingelagerten – und natürlich ohne jede Art von Blumen und Blüten. Wer im Winter Blühendes zustande brachte, lebte zu manchen Zeiten sogar gefährlich. Nach der Legende soll Katharina Paldauf, die Gattin des Verwalters der Riegersburg, als Blumenhexe verurteilt worden sein, weil sie es verstanden hatte, im Winter Blüten zu ziehen.

Die Idee, dass mitten im Winter ein „Blümlein" erblüht, finden wir auch im alten Weihnachtslied „Es ist ein Ros entsprungen". Hier ist nicht von einer Rose die Rede, sondern von einem „Reis" oder „Ros", einem neuen Trieb. Dieser hat ein „Blümlein bracht, mitten im kalten Winter". Die zweite Strophe erklärt nun, was damit gemeint ist: Das Reis beziehungsweise Ros ist Maria und das Blümlein ist Jesus, dessen Geburt wir zu Weihnachten feiern.

Das Blütenwunder zu Weihnachten will gut geplant sein. Barbarazweige brauchen einen Kälteschock, damit sie später in der Wärme des Zimmers auch verlässlich aufblühen. Haben die Zweige im Freien noch keinen Frost erlebt, kann man nachhelfen, indem man sie zunächst etwa zwölf Stunden in die Gefriertruhe gibt. Danach gaukelt man den Zweigen den Frühling vor, indem man sie noch einmal so lang in lauwarmes Wasser legt. Am nächsten Morgen schneidet man die Stiele schräg an, um so die Aufnahmefähigkeit für Wasser zu erhöhen. Nun kommen sie in eine Vase mit frischem Wasser und diese stellt man in einen warmen Raum. Zu viel trockene Heizungsluft lässt die Zweige dürr werden, also kann es nicht schaden, sie ab und zu anzusprühen und selbstverständlich regelmäßig das Wasser zu wechseln. Abgestandenes, fauliges Wasser ist übrigens der Hauptgrund, wenn Barbarazweige nicht blühen, da Fäulniserreger in die Pflanze eindringen und so die Blüte verhindern.

Nun heißt es geduldig warten, bis die Barbarazweige erblühen. Wenn man will, kann man daraus auch ein kleines Familienspiel gestalten. Jedes Familienmitglied schreibt einen Wunsch auf einen Zettel. Dies müssen nicht materielle Dinge sein, sondern einfach Zeit, die man miteinander als Familie verbringt, oder Dinge, die allen gemeinsam Spaß machen. Das kann ein gemeinsamer Film- oder Spieleabend sein, das Lieblingsessen, das alle miteinander kochen oder ein toller Ausflug oder Museumsbesuch. Wessen Zweig als erster erblüht, dessen Wunsch wird erfüllt.

Wenn die Blüten dann wirklich erblühen, durchzieht ein feiner Duft den Raum. In der Kirche in Stanz im Mürztal verbreiten die Barbarazweige darüber hinaus auf besondere Art

Weihnachtsstimmung. Seit ein paar Jahren hat es sich die Leiterin des Kirchenchors zur Gewohnheit gemacht, am Christtag eine Vase mit blühenden Zweigen als Weihnachtsgruß auf die Empore zu stellen. Kommen die Sängerinnen und Sänger am Weihnachtsmorgen in die Kirche, begrüßen sie rosarote Blüten mit einem Mascherl dran und einem Kärtchen: „Frohe Weihnachten!"

Jetzt ist es Zeit für Kletzenbrot!

Kletzn, Klotzn, Hutzel. Die Dörrbirne hat viele lustige Namen. „Kletzen" kannte man schon im Mittelalter: Einst wurde die Birne zum Trocknen gespalten, was auf Mittelhochdeutsch „klœzen" bedeutet. Durch den Trocknungsprozess wird dem Obst Feuchtigkeit entzogen und es sieht bald, na ja, verhutzelt aus. Die verschrumpelte Birne sieht vielleicht nicht schön aus, aber sie schmeckt süß und intensiv.

Beim Trocknen darf man es nicht eilig haben. Ihr volles Aroma erreicht die Kletze nämlich erst durch das Dörren. Am besten gelingt dies in einer der alten Dörrhütten, wie sie früher bei jedem größeren Bauernhaus zu finden waren. Dort wurden sie auf mehreren Etagen langsam über vier, fünf Tage hinweg getrocknet. Man konnte sie aber auch nach dem Brotbacken noch in der Nachhitze des Backofens dörren.

Für uns ist das Kletzenbrot einfach eine weitere Kalorienbombe im Advent mit all seinem süßem Gebäck. Ganz anders war es früher. In der Fastenzeit vor Weihnachten durften weder Kekse noch Lebkuchen verzehrt werden, nur das Kletzenbrot war als Adventjause erlaubt. Aus diesem Grund wurde es traditionell schon am Beginn des Advents gebacken. Dann, beim gemütlichen Zusammensitzen, wurde es in Scheiben geschnitten und mit einem Stück guter Bauernbutter serviert. Jeder konnte sich nach Gusto sein Stück selbst bestreichen.

Das Kletzenbrot steht für eine alte Esskultur, die uns heute fremd ist. Es erinnert an Zeiten, in denen Lebensmittel durch Trocknen haltbar gemacht worden sind und in denen nicht mit Zucker, sondern nur mit Honig und mit Dörrfrüchten gesüßt worden ist. Wir reden hier nicht von der Ernährung im Mittelalter, sondern in der jüngsten Vergangenheit. Noch heute können sich alte Menschen am Land erinnern, dass in ihrer Jugend Speisen wenig oder gar nicht gesüßt wurden. Der Grund war, dass damals sehr wenig Zucker eingekauft wurde. Gesüßt wurde mit dem, was man selbst produzierte, in den meisten Fällen mit Dörrzwetschken oder Honig.

Das Kletzenbrot im Advent war also eine seltene Köstlichkeit. In seiner einfachsten Form vermischte man einfach den Brotteig mit Kletzen und gedörrten Zwetschken. Wer Nüsse hatte, fügte diese hinzu, sonst ging es auch ohne. Verarbeitet wurde nur, was der eigene Grund und Boden hergab. Erst viel später, durch den wachsenden Wohlstand, kamen andere Zutaten wie Feigen, Rosinen, Aranzini und verschiedene Gewürze dazu. Wer sich das nicht leisten konnte, musste sich etwas einfallen lassen: „Eine alte Bäuerin konnte sich keine Weinbeerln oder Rosinen leisten. Da hat sie einfach Schwarzbeeren getrocknet und sie als Ersatz ins Kletzenbrot gegeben."

Daran sollten wir denken, wenn wir dieses Brot backen: Auch wenn wir heute Dörrobst und Nüsse im Supermarkt kaufen können, einst war das Kletzenbrot ein Hausbrot der speziellen Art. Jede einzelne Zutat – Birnen, Zwetschken, Nüsse, auch Schnaps – erinnerte an die reiche Ernte des Herbstes und wurde im Kletzenbrot zur aromatischen Erinnerung daran.

Kletzenbrot als Weihnachtsgeschenk. Kurz vor Weihnachten wurde noch einmal Kletzenbrot gebacken. Es war entweder als Geschenk gedacht, als Mahlzeit für den Heiligen Abend oder um es den Gästen zu den Weihnachtsfeiertagen aufzuwarten.

Kletzenbrote sind eines der ältesten und traditionellsten Weihnachtsgeschenke. Die Dienstboten bekamen am Heiligen Abend als Teil ihres Jahreslohns einen Laib vom herrlich duftenden Brot ganz für sich allein. Das war in den eher kargen alten Zeiten eine große Sache.

Zusätzlich gab es noch Kletzenbrot „für alle". Das wurde am Heiligen Abend nach der Bescherung oder nach der Mitternachtsmette angeschnitten und gerne mit einem Schnapserl oder einem Schnapstee verzehrt. Ein alter Bauer aus dem Übelbachtal träufelt seinen Schnaps noch heute am liebsten auf das aufgeschnittene Brot, für ihn die einzig wahre Art, das Kletzenbrot zu verzehren.

Kam in den Weihnachtsfeiertagen Besuch, wurde gern Kletzenbrot angeboten. Die jungen Mägde, die ja das Recht hatten, ihr Weihnachtsgeschenk, das Kletzenbrot, zu teilen, mit wem sie wollten, luden dazu manchmal den einen oder anderen Verehrer ein. Daraus entwickelte sich im Ennstal folgender Brauch: Jeder junge Mann durfte sich vom Laib ein Randstück, ein Scherzl, abschneiden. War ein Mädchen sehr begehrt und kamen viele Burschen, so war der Laib bald rundum angeschnitten. Die Burschen wiederum sammelten die Scherzln, im Volksmund „Schwartling" genannt. Sie gingen von Haus zu Haus und versuchten, so viele Anschnitte wie nur möglich zu ergattern. Dann hieß es: „Der hat so viele Scherzln, den mögen die Mädchen!"

Kletzenbrot oder auch Hutzelbrot gibt es in ganz Österreich. Es gibt verschiedene Zubereitungsarten, einmal werden die Früchte direkt in den Teig eingearbeitet, ein anderes Mal noch zusätzlich mit einem Teigmantel bedeckt – aber immer ist die Grundzutat die Kletze, die Dörrbirne.

Einst hatte jedes Haus seinen „Kletzenbirnbaum". Die besten Dörrbirnen wurden aus den alten bäuerlichen Obstsorten gewonnen, etwa den Lederbirnen oder den Hirschbirnen. Unmittelbar nach der Ernte schmecken diese Birnen nicht besonders gut, auch, weil eine richtige Kletzenbirne eine etwas dickere Schale hat. Aber zum Essen waren die frischen Birnen ja auch nicht gedacht. Ein Großteil wurde zu Most verarbeitet. Die schönsten Birnen aber legte die Bäuerin zur Seite – nur für das Kletzenbrot.

Kletzenbrot

Die Kletzen kommen bei diesem Rezept sozusagen doppelt zum Einsatz. Das Wasser, in dem die Kletzen gekocht wurden, wird genauso verwendet wie die Früchte selbst. Dieses Brot schmeckt, dünn aufgeschnitten, auch hervorragend zu einer Käseplatte. Aus der „Kärntner Küche" ein Rezept von **Willi Tschemernjak**:

ZUTATEN FÜR 2 WECKEN

400 g Kletzen (Dörrbirnen), gekocht
300 g Feigen, getrocknet
300 g Dörrzwetschken
200 g Rosinen
100 g Haselnüsse, grob gehackt
125 ml Slibowitz (Zwetschkenschnaps)
1 TL Zimt, gemahlen
Backpapier

Für den Brotteig
210 g Roggenmehl
120 g Weizenmehl
220 ml Wasser
15 g frische Germ
6 g Salz
100 g Sauerteig (oder die doppelte Menge Germ)

Es gibt viele Arten, Kletzenbrot herzustellen. Man kann die Dörrfrüchte und Nüsse gleich in den Teig einarbeiten oder auch, so wie hier, auf dem Brotteig verteilen. Dieses Bild entstand in einem Bauernhaus in der Oststeiermark in den 1950er-Jahren.

ZUBEREITUNG

Die weich gekochten Kletzen (entstielt und ohne Blütenansatz) ebenso wie die Feigen und Dörrzwetschken würfelig schneiden. Rosinen, die grob gehackten (oder mit dem Rollholz zerkleinerten) Haselnüsse, Slibowitz und Zimt dazumischen und über Nacht ziehen lassen.

Für den Teig die Germ mit etwa 220 ml warmem Wasser vermischen. Sauerteig, Roggen- und Weizenmehl sowie Salz dazukneten und 15 Minuten ruhen lassen. Nun die Früchte einarbeiten und den Teig zu zwei Wecken formen. Auf ein mit Backpapier belegtes Backblech setzen und 30 Minuten zugedeckt an einem warmen Ort gehen lassen.

Mit Wasser bestreichen und im vorgeheizten Backrohr bei 200 °C ca. 1 Stunde backen.

Nikolo und Krampus – Spannung pur!

Der Nikolaus kommt über den tief verschneiten Weg auf die alte Mühle zu. An den Fenstern hängen die Kinder wie Trauben und schauen gebannt nach draußen. Der Nikolaus geht langsam, in der einen Hand den großen Sack mit Süßigkeiten, in der anderen Hand seinen Bischofsstab. In der Mühle herrscht große Aufregung: „Jetzt kommt er! Jetzt kommt er!" Man hört, wie er sich vor der Tür den Schnee von den Schuhen klopft, dann hört man seine Schritte im Vorraum – und endlich ist er da.

So war's vor etwa fünfzig Jahren in einem kleinen Dorf in Niederösterreich und in vielen anderen Orten im ganzen Land. Ein wesentlicher Bestandteil des Nikolausabends war die Erwartung, das Horchen und Schauen. Kommt er schon? Ist er schon zu sehen? Hören wir gar den Krampus mit seiner Kette rasseln?

Jeder Krampus, der etwas auf sich hielt, machte bereits vor der Tür einen möglichst großen Wirbel. Wildes Kettengerassel, Klopfen und Rumpeln gehörten dazu, bevor die Krampusse durch den Hausflur in die Stube stürmten. Dort hatte sich schon die ganze Familie um den Tisch versammelt, um Nikolaus und Krampus zu erwarten. Der Nikolaus war sozusagen der Herr über die wilden Krampusse. Er ließ sie ein bisschen wirbeln und Radau machen, bis sie sich auf sein Wort hin zurückziehen mussten.

Nun drehte sich alles um die zwei Worte „brav" und „schlimm". Der Nikolaus hatte bereits im Vorfeld von den Eltern erfahren, wofür die Kinder zu loben und wofür sie zu tadeln waren. Jedes Kind musste einzeln vortreten und er las aus seinem goldenen Buch die Ermahnungen und das Lob vor. In Krakauebene, wo die Krampusse interessanterweise „Niglon" heißen, grölten diese „Schiach!", wenn die Kinder schlimm waren, so lange, bis der Nikolaus sie mit seinem Stab zurechtwies. Dann teilte er aus seinem großen Sack die heiß begehrten Äpfel, Nüsse und manchmal Süßigkeiten aus. Ins Nikolaussackerl gehörte, wenn man es sich leisten konnte, unbedingt auch ein Kranz aus getrockneten Feigen, ein paar Zuckerln und etwas Schokolade. Manchmal, wenn die Mutter großzügig war, durften es ein paar Mürbteigkekse als Vorgeschmack auf Weihnachten sein.

Im Bergbauort Veitsch kam der Nikolaus mit dem Krampus gar zweispännig mit der Kutsche vorgefahren. Den ganzen Nachmittag hatten die Kinder in großer Aufregung gewartet und nun hörten sie schon von Weitem das Schellengeläut der Pferde, ehe die Kutsche beim jeweiligen Haus haltmachte und die beiden, Nikolaus und Krampus, ausstiegen.

Zum Fürchten! Während der Kutscher draußen seinen Glühwein bekam, taten Nikolaus und Krampus, was von ihnen erwartet wurde. Der Bischof ermahnte und teilte die Nikolaussackerln aus, der Krampus rasselte mit der Kette und klopfte mit der Rute den Kindern auf die Füße. Die Kinder zitterten und fürchteten sich, denn der Veitscher Krampus war besonders wild, weil er der Sage nach das ganze Jahr über auf der Rotsohlalm mit einer Kette an das Nikolauskreuz gefesselt ist. Die Sennerin gibt ihm, dem „Rotzula", im Sommer ab und zu eine Schale Milch und besänftigt ihn so. Aber wenn sie im Herbst die Alm verlassen hat, zerrt er so lange an der Kette, bis sie reißt. Dann stürmt er ins Tal und erschrickt die Kinder am Krampustag.

Der Schrecken, den diese Kinder davontrugen, war so nachhaltig, dass sie sich manchmal sogar noch als Erwachsene vor dem Rotzula fürchteten. Eine Veitscherin soll sich noch im Alter den ganzen Nachmittag des betreffenden Tages ins obere Stockwerk ihres Hauses zurückgezogen haben, aus lauter Angst vor dem Krampus.

Nicht nur in der Veitsch, überall im ganzen Land war die Furcht vor dem Krampus Teil der Nikolaus-Inszenierung. Kaum waren die Krampusse im Haus, flüchteten die Kinder in den Arm der Mutter oder unter die Bank, um sich zu verstecken. Die Angst wurde noch weiter befeuert durch den Rückenkorb, den viele Kramperln trugen. Dort, so erzählte man den Kindern, werden jene hineingesteckt und mitgenommen, die besonders schlimm gewesen sind. Wie um dies zu verdeutlichen, befestigten manche

Wo der Nikolaus war, konnte der Krampus nicht weit sein.

Krampusse an ihrem Bucklkorb Kinderschuhe, die gerade so viel herausragten, dass es den Anschein hatte, als ob er schon ein Kind mitgenommen hätte.

Krampusse und andere finstere Gestalten waren Teil einer schwarzen Pädagogik, in der Angst und Drohungen Teil der Erziehung waren. Wenn Kinder nicht folgsam waren, drohte man ihnen: „Es kommt eh der Krampus! Wirst schon sehen, der nimmt dich mit!" Bis weit in die Hälfte des vorigen Jahrhunderts wurde dieser Aspekt – der Krampus als bestrafende Schreckgestalt – stark betont und hat in vielen Kinderseelen Spuren hinterlassen. Ein heute älterer Mühlviertler war als Kind an einem Nikolausabend schon längst im Bett, als die Krampusse kamen. Seine Eltern weckten ihn eigens zu diesem Anlass auf, denn das Kind musste ihrer Ansicht nach dabei sein. Dieser Bub hat sich, solange er klein war, immer davor gefürchtet, dass die Krampusse ihn schnappen und mitnehmen würden.

Es gab aber auch Eltern, welche die wilden Gestalten erst gar nicht zu den Kindern ließen: „Mein Vater hat die Krampusse nie mögen. Er wollte uns Kindern diesen Schrecken nicht antun. Wenn welche gekommen sind, hat er sie gleich in die Schwarzkuchl gesperrt. Das war ein fensterloser Raum ohne Licht, in dem bei uns früher das Fleisch geselcht worden ist. Sie durften erst wieder heraus, wenn sie die Larven abgenommen haben. Dann hat der Vater jedem einen Schilling in die Hand gedrückt und gesagt: ‚Geht's nach Hause!'"

Die Krampusse und die Mädchen. Die Krampusse selbst, verkleidete Burschen aus der Nachbarschaft, hatten meistens weniger Interesse an den Kindern als an den Mädchen und den jungen Frauen. Sie versuchten ihnen nachzujagen und ihr Gesicht mit Schuhpasta oder Ofenruß zu schwärzen. Die jüngeren Burschen mussten sich dabei als Krampusse erst einmal gegen die älteren durchsetzen. Ein damals 16-Jähriger erinnert sich heute: „Ich bin ein schwarzer Teufel gewesen und hab' mir sogar ein Schild am zottigen Fell angebracht, darauf ist ‚Gefährlich!' gestanden. Aber es hat nicht viel genutzt. Einmal sind wir am Ortsplatz gestanden. Da ruft ein Mädchen von einem Fenster: ‚Es gibt Größere auch noch, als ihr seid's!' Sie hat uns halt nicht für voll genommen. Und wir selbst haben uns ja auch vor den älteren Krampussen gefürchtet. Wir haben uns immer wieder umgeschaut und dann gesagt: ‚Gehen wir lieber, bevor die Großen kommen!' Wir sind dann natürlich vor allem dorthin gegangen, wo wir gewusst haben, dass es Mädchen gibt, die uns gefallen. Bei einem Hof hat uns der alte Bauer, der Schlaumeier, aber durchschaut und hereingelegt. ‚Wisst's was, Buam', hat er zu uns gesagt, ‚die Menscher (Anm.: Mädchen) sind dort im Haus hinten. Müsst's a wenig owi gehen!' Und wir sind alle zusammen brav dort den Abhang hinuntergegangen, wir Deppen! Bis wir vom Haus weit weg waren!"

Jeder Krampus musste damit rechnen, dass ihm mit gleicher Münze heimgezahlt wurde. Waren Burschen im Schutz der Maskerade besonders wild, dann erging es ihnen übel, wenn sie erwischt wurden. In St. Nikolai im Sölktal wurde ein Krampus einmal sogar in die ehemalige Totenkammer des Ortes, eine Art Aufbahrungshalle, gesperrt. Der verzweifelte Krampus zertrümmerte in seiner Not die Tür, um entfliehen zu können.

Da waren die Spottverse der Schulkinder, die diese aus sicherer Entfernung den Krampussen nachriefen, noch harmlos: „Kramperl, Kramperl, Besenstiel, beten kann i eh net viel, was i beten kann, geht di gar nix an!"

Dem Krampus einen Streich spielen. Das junge Mädchen erledigt gerade die letzte Stallarbeit, als der Nachbarbub kommt und von seinem Plan erzählt. Heute Abend wird er in der Küche einen Draht spannen. Gerade so hoch, dass der Krampus, wenn er kommt, darüberstolpert. Der Bub kündigt an: „Dann werd' ich lachen, wenn es den dort drüber haut!" Was er nicht wusste, war, dass ausgerechnet die Nachbarstochter, der er sein Geheimnis soeben anvertraut hatte, in diesem Jahr den Krampus geben würde.

Abends sitzt der Bub mit seiner Familie am Tisch in der Stube und wartet gespannt. Der Krampus kommt, geht in der Stube auf und ab und steigt jedes Mal schön hoch über den gespannten Draht. Er kommt nie zu Fall und stolpert nicht einmal. Der Bub wird ganz kleinlaut und kauert sich in den letzten Winkel der Eckbank hinein. Für ihn ist klar, hier geht es nicht mit rechten Dingen zu. Etwas Unheimliches passiert da. Denn wie sonst ist zu erklären, dass dieser Krampus von seinem Plan zu wissen scheint? Erst viel später hat der Bursche erfahren, was hier in Wirklichkeit vor sich gegangen war.

Während der Kriegszeit, als die Männer eingerückt waren, übernahmen oft Frauen die Rolle des Krampus und auch jene des Nikolaus. Dass dies auch unfreiwillig recht komisch werden konnte, zeigt folgende Geschichte: Eine heute ältere Frau hatte als Kind während der Nikolausfeier eingehend die handelnden Personen betrachtet, als ihr auffällt, dass der Nikolaus – völlig unpassend – Hausschuhe mit Quasten trägt. Das Mädchen erkennt die Schuhe und schreit sofort: „He! Dös is jo die Hanni!", worauf der Krampus die Feier zu retten versucht und das Kind zur Tür hinausziehen will. Das Mädchen weiß sich zu helfen und hält sich am Fuß des Nikolaus fest, dem prompt sein papierenes Gewand zerreißt. In Zeiten der Not hat man damals Stoff gespart und aus rotem und weißem Krepppapier ein Nikolauskostüm gebastelt, das nun völlig zerfetzt am „Bischof" beziehungsweise der „Bischöfin" hing.

Die Schuhe haben nur allzuoft einen vermeintlichen Nikolaus verraten. Ein besonders schöner trat in den 1950er-Jahren auf einem Bauernhof im Salzkammergut auf. Kleidung, langer weißer Bart, Bischofshut – alles war perfekt, der Bischof trug sogar eine Larve, eine Gesichtsmaske, um nicht erkannt zu werden. Er machte nur einen Fehler. Nach der Feier zog er sich um und betrat als „Privatperson" wieder die Stube. Er hatte nicht mit einem schlauen kleinen Mädchen gerechnet, das ihn an den Schuhen erkannte. Sie: „Der Nikolaus hat aber die gleichn Schuah angehabt wia du!" Er: „Na, na!" Sie lässt nicht locker: „Des san aber die gleichn Schuah!" Dem Nikolausdarsteller, perplex von so viel Selbstbewusstsein, fällt nichts anderes ein, als immer nur „Na, na, na" zu stammeln. Sechzig Jahre später verrät dieselbe Person, das Mädchen von einst, dass sie des Öfteren die Nikoläuse enttarnt hat: „I hab des ja aufgedeckt, alleweil!"

Wenn der Nikolaus in der Nacht kommt. Die Kinder stellten abends Schuhe und Teller auf, legten manchmal auch Strümpfe dazu, weil der Gabenbringer heimlich in der Nacht kommt und seine Geschenke einlegt. Nein, hier ist nicht von Santa Claus die Rede und es handelt sich um keinen amerikanischen Brauch, sondern um den heiligen Nikolaus. Am Vorabend des Nikolaustages, also am Abend des 5. Dezember, pflegten nicht nur der Krampus und der Nikolaus persönlich zu erscheinen, die Gaben des Nikolaus wurden zusätzlich über Nacht erwartet. Manche Kinder kamen so in den Genuss einer doppelten Bescherung: Sie wurden am Abend und am nächsten Morgen beschenkt.

Das nächtliche Füllen geht auf die Legende von den drei Jungfrauen zurück, die nachts vom heiligen Nikolaus beschenkt wurden. Die drei Mädchen waren zu arm, um sich eine Mitgift leisten zu können und drohten als Prostituierte auf der Straße zu landen. Da warf Nikolaus an drei aufeinanderfolgenden Nächten je einen Goldklumpen durch das Fenster und rettete die Frauen so vor einem ungewissen Schicksal.

Lange war der Nikolaustag auch der Tag der Weihnachtsbescherung. Erst infolge der Ablehnung der Heiligenverehrung durch die Reformation wurde die Bescherung auf Weihnachten verlegt und der Nikolaus als Gabenbringer durch den Weihnachtsmann und das Christkind abgelöst. Dass der amerikanische Santa Claus seine Geschenke ebenfalls über Nacht bringt und für ihn Strümpfe aufgehängt werden, hat im weiteren Sinn mit Nikolaus zu tun, der über Umwege, vermutlich über die Niederlande, nach Amerika kam und dort die Legende von Santa Claus zumindest teilweise inspiriert hat. Wie auch immer, unser Nikolaus ist jedenfalls der „dienstältere" Gabenbringer.

In der Gasen, einer zwar idyllischen, aber abgelegenen Gegend der Steiermark, berichten heute noch ältere Menschen, in ihrer Kindheit kein Christkind gekannt zu haben, dafür aber vom Nikolaus beschenkt worden zu sein. Eine über 80-Jährige erinnert sich: „In meiner Kindheit, den 1940er-Jahren, haben wir weder Christbaum noch Christkind gekannt. Bei uns war es lang so, dass der Nikolaus die Geschenke gebracht hat. Es war eh nicht viel, vielleicht gedörrte Zwetschken und ein paar Äpfel." In Zeiten großer Armut war oft nicht einmal das möglich: „Wir Kinder haben am Abend unsere Schüsserln auf den Tisch gestellt und uns schon so gefreut, was da wohl in der Früh drinnen ist. In einem Jahr waren sie aber leer. Es war ein schlechtes Jahr und die Äpfel sind missraten und der ‚Nikolaus' hatte auch kein Geld, etwas zu kaufen. Dann hat mein Bruder, der Schlingel, heimlich Krautstücke und faule Äpfel hineingelegt. Wir Kleinen stehen voll Freude auf, springen zum Tisch und dann das! So eine Enttäuschung! Ich spüre das noch heute."

Für diese Kinder wären die Äpfel damals wohl fast so wertvoll wie das Gold gewesen, das der heilige Nikolaus einst in der Legende durchs Fenster geworfen hat.

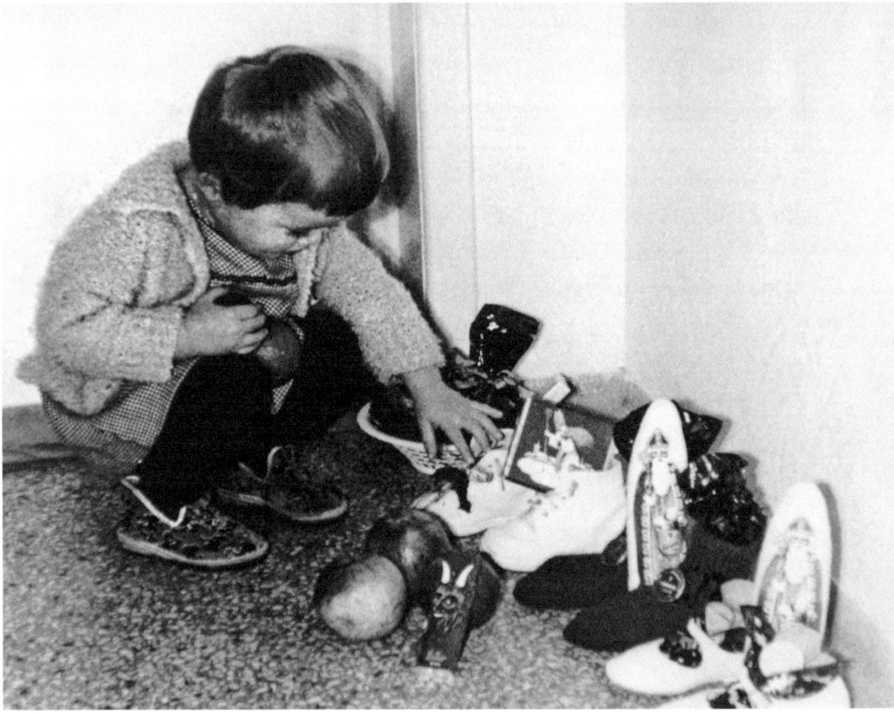

Am Abend stellten die Kinder Schuhe und Teller in den Hausflur oder vor die Tür. Am nächsten Morgen waren sie mit den herrlichsten Sachen gefüllt, mit Lebkuchen, Nüssen, Äpfeln und Schokolade.

Nikolo und Krampus – selbst gebacken

Ein solcher „Semmel-Niglo" oder „Semmel-Kramperl" war früher heiß begehrt bei den Kindern. Gebäck aus weißem Mehl war nur für Sonn- und Feiertage vorgesehen und somit eine seltene Köstlichkeit.

FÜR INSGESAMT CA. 6 STÜCK

400 g	Mehl, glatt
40 g	Butter
40 g	Zucker
1 Prise	Salz
20 g	frische Germ oder ¾ Pkg. Trockengerm
ca. ¼ l	Milch
1	Ei

Zum Verzieren

1 Eigelb, Rosinen
rotes Papier
etwas Watte
Goldfolie
Klebstoff
feine Zweige als Rute

ZUBEREITUNG

Für das Dampfl die frische Germ mit einem Esslöffel Zucker, zwei Esslöffeln Mehl und drei Esslöffeln Milch glatt verrühren und an einem warmen Ort zum doppelten Volumen aufgehen lassen. Dann das Mehl mit dem Dampfl oder mit der Trockengerm und den restlichen Zutaten zu einem Germteig verarbeiten und an einem warmen Ort zugedeckt gehen lassen. Anschließend den Teig halbieren und auf einem bemehlten Brett die Figuren formen.

Nikolaus
Pro Figur den Teig zu einem Dreieck ausrollen und mit dem Nudelwalker flach drücken. In passender Größe den Kopf formen und auf eine Ecke des Dreiecks drücken. Vorsichtig auf ein mit Backpapier belegtes Blech legen und mit verquirltem Eigelb bepinseln. Als Augen, Nase und Mund Rosinen in den Teig eindrücken. Eventuell auch das Bischofskleid mit Rosinen verzieren.

Krampus
Aus dem übrigen Teig pro Figur einen länglichen Laib formen und mit dem Nudelwalker flach drücken. Mit einer leichten Einbuchtung den Kopf markieren. Verhältnis Kopf zu Körper: ein Drittel zu zwei Drittel. Vorsichtig auf ein mit Backpapier belegtes Blech legen. Nun mit einer Schere den Teig am unteren Ende für die Beine einschneiden, seitlich für die Arme und auf dem Kopf für die Hörner. Mit verquirltem Ei bestreichen. Zunge aus rotem Papier leicht am Körper andrücken. Die Zweige als Rute durch einen Arm stecken.

Im vorgeheizten Backrohr bei 170 °C goldgelb backen.

Für den Nikolaus aus Goldfolie einen Bischofshut basteln und diesen mit einem Kreuz aus rotem Seidenpapier bekleben. Aus Watte einen Bart formen. Beides am Nikolaus anbringen.

Der zweite Advent

Wie schön, wenn es „dumpa“ wird.
Im Dämmrigen kommen unsere
Sinne zur Ruhe und wir stimmen
uns ein auf Weihnachten.

Von der Dämmerung

Vom Dunkel ins Licht. „Es wird scho glei dumpa“ singen wir in einem alten österreichischen Weihnachtslied. Das „Dumpa“-Werden, also das Dunkel-Werden, den Moment der Dämmerung, bevor die Nacht kommt, kennen wir heute so überhaupt nicht mehr. Das elektrische Licht brennt in unseren Wohnungen und Büros in der sogenannten dunklen Jahreszeit oft den ganzen Tag über. Wir registrieren kaum die frühe Dämmerung an den Nachmittagen des Advents und wollen uns auch gar nicht der Dunkelheit aussetzen.

Vor einigen Jahren war ich bei einer älteren Frau im Ennstal zu Gast. Es muss November oder Dezember gewesen sein, wir saßen in ihrer Küche, es wurde langsam dämmrig und sie machte keine Anstalten, das Licht einzuschalten. Mir kam das merkwürdig vor, bis es schließlich auch mir „dämmerte“: Es war für diese Frau völlig natürlich, in der dunklen Jahreszeit auch einmal eine Zeit lang das Halbdunkel auszuhalten.

„Es wird scho glei dumpa, es wird scho glei Nocht“, heißt es im Lied. Ich erinnere mich, dass ich in der halbdunklen Küche dieser Frau zunächst unruhig wurde. Es machte mich ein wenig nervös, dass die Dinge um mich herum im Halbdunkel verschwanden.

Lange dachte man, dass dieses Lied aus Tirol stammt, weil es in der Sammlung „Echte Tiroler Lieder“ 1913 veröffentlicht wurde. In Wirklichkeit stammt der Text vom oberösterreichischen Pfarrer und Mundartdichter Anton Reidinger. Die Melodie entstand vermutlich durch Verändern und Ergänzen eines alten Kirchenliedes.

Reidinger selbst erlebte übrigens den Erfolg seines Liedes nicht mehr. Er starb in der Heiligen Nacht 1912, zwei Minuten nach Beginn der Christmette, in Obernberg am Inn, wo er auch begraben ist.

Es wird scho glei dumpa

Es wird scho glei dumpa, es wird scho glei Nocht,
Drum kim i zu dir her, mei Heiland auf d' Wocht.
Will singan a Liadl, dem Liabling dem kloan,
Du mogst jo ned schlofn, i hear die lei woan.
Hei, hei, hei, hei!
Schlaf siaß, herzliabes Kind!

Vergiss hiaz, o Kinderl, dein Kummer, dei Load,
dass d' doda muaßt leidn im Stall, auf da Hoad.
Es ziern ja die Engerl dei Liegerstatt aus.
Möcht schöna ned sein drin im König sein Haus.
Hei, hei, hei, hei!
Schlaf siaß, herzliabes Kind!

Ja Kinderl, du bist halt im Kripperl so schen,
mi ziemt, i kann nimmer da weg von dir gehn.
I wünsch dir von Herzen die süaßte Ruah,
die Engerl vom Himmel, die deckn di zua.
Hei, hei, hei, hei!
Schlaf siaß, herzliabes Kind!

Mach zua deine Äugal in Ruah und in Fried
und gib ma zum Abschied dein Segn no grad mit!
Aft wern ja mei Schlaferl a sorgenlos sein,
aft kann i mi ruahli aufs Niederlegn gfrein.
Hei, hei, hei, hei!
Schlaf siaß, herzliabes Kind!

Text: Anton Reidinger (1839–1912)

Wir sind an Dunkelheit nicht mehr gewöhnt. Wir leben in einer auch nachts hell erleuchteten Welt. Überall finden wir Straßenbeleuchtung, Schaufensterbeleuchtung, ja, selbst Bürogebäude sind die ganze Nacht beleuchtet. In privaten Gärten werden Wege angeleuchtet, wenn wir nach Hause kommen, geht der Bewegungsmelder an und im Advent entkommen wir nicht den grellen Lichterketten und den glitzernden Rentieren. So entsteht „Lichtverschmutzung". Diesen Begriff gibt es tatsächlich und er erklärt das Phänomen, dass unser Nachthimmel künstlich aufgehellt wird. Die Folge davon ist, dass wir an vielen Orten nachts vor lauter Helligkeit kaum noch Sterne sehen können.

Dunkelheit ist also quasi passé. Weder am Sternenhimmel noch in unseren Wohnungen lassen wir es zu, dass es „dumpa" wird. Das ist schade, denn im Dämmrigen kommen unsere Sinne leichter zur Ruhe und wir werden im wahrsten Sinne des Wortes be-sinnlich. Wir besinnen uns, das heißt, wir fokussieren uns auf das Wesentliche. So, wie wir die Sterne nur in der Dunkelheit erkennen, so entsteht Besinnlichkeit auch erst, wenn die äußeren Reize zurücktreten.

Eine Niederösterreicherin, 1948 geboren, erzählt aus ihrer Kindheit: „Der Advent war für mich eine dunkle Jahreszeit, in der man auf Weihnachten wartet, wenn das Licht kommt. Mir hat diese Grundstimmung sehr gefallen. Es war so erwartungsvoll. Es gab auch keine Weihnachtsbeleuchtung in der Stadt, erst Mitte Advent wurden die Schaufenster entsprechend dekoriert. Die Vorfreude war groß. Man wartet – und dann kommt Weihnachten!"

Lieder und Geschichten. Es ist Advent und in der Rauchstube eines alten Bauernhauses im Freilichtmuseum Stübing haben sich Menschen zusammengefunden, um Weihnachtslieder zu singen. Zwei geübte Sänger stimmen die Lieder an, alle anderen, Liederbücher in den Händen, setzen ein. Dann, irgendwann im Übergang zwischen Dämmerung und Dunkelheit, wird die elektrische Lichtquelle ausgeschaltet und stattdessen eine einzige Kerze auf dem Tisch angezündet. Es ist nun gerade so hell, dass man im Lichtschein die Gesichter der anderen ahnen kann. Liedertexte ablesen geht nun nicht mehr. Was passiert?

Die Besucher genießen die Stimmung in der halbdunklen Stube. Viele von ihnen bleiben stundenlang sitzen, als ob sie auf so einen Moment gewartet hätten. Vielleicht das erste Mal nach vielen Jahren „dürfen" sie wieder singen. Heute haben die meisten Erwachsenen und sogar Kinder den Zugang zu ihrer eigenen Singstimme verloren. Auch im Advent „lässt" man singen und legt lieber eine CD auf, anstatt es selbst zu probieren. Das ist bedauerlich, denn Singen macht froh, es beruhigt und es tröstet. Singen hilft sogar, Angst zu bewältigen, da während des Singens der Adrenalinspiegel gesenkt und gleichzeitig der Serotoninspiegel erhöht wird.

Die Besucher in Stübing sind bei Kerzenschein nicht mehr textsicher, aber das macht nichts. Auch wenn man von einem Weihnachtslied nur die erste Strophe kennt, macht das Singen Freude. Genauso haben einst unsere Großeltern singen gelernt. Als Kinder lernten sie zunächst einmal ein paar Zeilen, das nächste Mal schon die erste Strophe, bis sie schließlich Text und Melodie beherrschten. Auf diese Art hat sich bei den Menschen im Laufe der Jahre ein gewaltiger Liederschatz angesammelt und man versteht, warum viele Ältere eine ganze Reihe von Liedern auswendig können.

Gesungen wurde früher das ganze Jahr über, nicht nur im Advent. Singen gehörte zum Alltag und war oft auch eine Möglichkeit, den Alltag zu bewältigen. Es war aufmunternd, ließ manches Schwere vergessen. Eine Sache aber, die in vielen Familien früher dem Advent vorbehalten war, war das Vorlesen. „Die Großmutter hat ein Bücherl gehabt, daraus hat sie nur in der Adventzeit vorgelesen. Wir Kinder durften abends in ihr Zimmer kommen, wir haben uns zum Kachelofen gesetzt und sie hat vorgelesen. Jeden Tag eine andere Geschichte." Diese Kinder einer Großfamilie erinnern sich nicht mehr an die Geschichten, aber sie können noch genau das Gefühl beschreiben, das sie empfanden. Sie genossen die ungeteilte Aufmerksamkeit der Großmutter und das gemütliche Beisammensein in ihrem Zimmer.

Beim Vorlesen entstehen besondere Momente der Nähe. Jemandem eine Geschichte vorzulesen bedeutet, dass man sich ihm widmet, man einander wichtig ist. Heute könnte man natürlich auch eine CD mit Weihnachtsgeschichten einlegen (oder einen Download per Tablet abspielen ...) und die Kinder damit beschäftigen. Aber es ist nicht dasselbe. Wenn sich Mama, Papa, Oma oder Opa Zeit nehmen, um vorzulesen, dann ist das ein Kontrastprogramm zu unserer hektischen Zeit. Denn durch das Zuhören entsteht fokussierte Aufmerksamkeit und innere Ruhe. Und wer zuhören kann, nicht nur im Advent, der hat etwas Wichtiges fürs ganze Leben gelernt.

Das Rorategehen

Es ist fünf Uhr morgens. Spätestens jetzt heißt es aufstehen, wenn man pünktlich um sechs Uhr zur Rorate in der Kirche sein will. Zumindest war es früher so, als man die Wege noch zu Fuß zurücklegte. Rorate heißt die Frühmesse im Advent, die trotz der herausfordernden Uhrzeit einst untrennbar mit der Vorweihnachtszeit verbunden war.

Beschwerlich war der Anmarsch, der noch in der Dunkelheit erfolgte. Schlaftrunken machte man sich in der Kälte auf den Weg, entweder bei Mondlicht, mit Fackeln oder mit einer Laterne. Man stapfte durch den Schnee, was früher auf den ungeräumten Wegen sehr anstrengend sein konnte. Eine Kärntner Bergbauernfamilie hielt es immer so: Der Vater ging voran und hat für seine Kinder einen schmalen Pfad ausgetreten. Die gingen in seinen Fußstapfen im Gänsemarsch hintennach, bis sie zur besser begehbaren Dorfstraße kamen.

Besonders schön war es in den Tälern, wo die Menschen in der Dunkelheit mit ihren Fackeln und Laternen schon von weit her sichtbar waren. Wie bei einer Sternwanderung kamen sie von allen Seiten vom Berg herunter und strömten der Kirche zu. Es war das gleiche Schauspiel wie am Heiligen Abend, wenn die Leute um Mitternacht zur Christmette gingen.

Und es war üblich, dass von jedem Haus zumindest eine Person in die Roratemesse ging. Manchmal waren das die Kinder, die noch vor der Schule die Rorate besuchten. Ihr Weg im Schnee und in der Kälte war derselbe wie der Schulweg, den sie täglich zu Fuß im Morgengrauen zurücklegten, nur waren sie diesmal über eine Stunde früher dran.

Die Kirche war dunkel und still, als nach und nach alle Besucher eintrafen. Ungeheizt war die Kirche außerdem, was dazu beitrug, dass die Stimmung zunächst etwas beklommen war. Kerzen wurden angezündet und im Halbdunkel sang man nun, so gut das in der Kälte ging, das Lied, das dem Ganzen seinen Namen gab: „Tauet, Himmel, den Gerechten“, auf Lateinisch „Rorate caeli“. Eine Mühlviertlerin beschreibt die Stimmung so: „Am Anfang

Auf verschneiten Wegen ging man früh am Morgen zu Fuß in die Rorate.

wäre ich noch lieber daheim im warmen Bett gewesen, aber wenn die Rorate so richtig in Gang gekommen ist, dann war es doch ergreifend und schön."

Praktisch alle, die vom Rorategehen erzählen, schwärmen von der besonderen Atmosphäre und der speziellen Stimmung in der Kirche. Das Kerzenlicht, die Gesänge, der Duft nach Weihrauch werden in der halbdunklen Kirche nach der Überwindung des frühen Aufstehens und der Mühe des Weges intensiver wahrgenommen als sonst.

Ohne Orgelbegleitung, a capella, sang man nun das alte Lied: „Tauet, Himmel, den Gerechten! Wolken, regnet ihn herab, rief das Volk in bangen Nächten, dem Gott die Verheißung gab, einst den Mittler selbst zu sehen und zum Himmel einzugehen. Denn verschlossen war das Tor, bis der Heiland trat hervor." Ob alle genau verstanden, was sie da sangen, sei dahingestellt – schön war's jedenfalls!

Nach der Rorate gab es Frühstück, zumindest für die Ministranten. Ein heute älterer Mann freute sich als Bub schon Tage vorher auf dieses Essen: „Der Pfarrer hat uns auf Kakao und Milch und eine Semmel eingeladen. Bei uns zu Hause hat es nur das selbst gebackene Brot gegeben, ganz selten Weißbrot oder Semmeln. Die Semmeln im Pfarrhaus waren meistens schon ein oder zwei Tage alt, aber das war egal. Wir haben sie ohne Butter und ohne Marmelade gegessen, uns hat es auch so gut geschmeckt."

Heute noch wird die Rorate auf die gleiche Art wie damals ausschließlich bei Kerzenlicht gefeiert. Das gemeinsame Frühstück nach der Messe ist allerdings, im Gegensatz zu früher, zu einem festen Bestandteil geworden. Die Roratebesucher frühstücken im Pfarrsaal oder gehen gemeinsam in ein Café oder Gasthaus. Man fühlt sich als Gemeinschaft, die in den frühen Morgenstunden zusammenkommt, während draußen die meisten noch schlafen oder gerade erst aufwachen.

Zur Dramaturgie dieses besonderen Morgens gehört für viele nach wie vor der Fußweg in der Früh. „Mindestens zwei Kilometer gehen, so gehört sich das zur Rorate!", erklärte mir eine obersteirische Bäuerin. Wer mit dem Auto hinfährt, so meinen viele, bringt sich um die Einstimmung, um die Wanderung in der Finsternis mit Laterne oder Taschenlampe als Sinnbild für den Advent, der ja auch ein Weg vom Dunklen zum Licht ist.

Besonders für ältere Leute ist Adventstimmung oft gleichbedeutend mit der ganz speziellen Rorate-Stimmung. In den 1950er-Jahren pflegte ein kleines Mädchen in Stockerau, sich im Advent, wenn es nachmittags dunkel zu werden begann, in ein Zimmer zurückzuziehen, um ganz für sich allein das schöne alte Lied „Tauet, Himmel, den Gerechten" zu singen. Das Kind, heute eine begabte Musikerin, sang alle Strophen in einer alten, sehr komplexen Melodie: „Das habe ich furchtbar geliebt! Das hat mich in eine so erwartungsvolle Stimmung gebracht, so dunkel und so sehnsuchtsvoll." Als sie Jahre später in die Steiermark übersiedelte, empfand sie so etwas wie einen Kulturschock: Hier sang man das Lied nach einer einfachen Melodie, die nichts mit dem Adventlied ihrer Kindheit zu tun hatte. Heute wie damals entsteht für diese Frau bei dem Lied Adventstimmung – aber nur bei der alten Version.

Ein Winter, wie er früher einmal war

Früher war alles besser. Sogar der Winter. In unserer Erinnerung war er immer klirrend kalt und alles lag unter einen dicken Schneedecke, denn es gab viel, viel mehr Schnee als heute. Der Schnee fiel selbstverständlich schon im Dezember, sodass wir immer weiße Weihnachten feiern konnten. So stellen wir es uns gerne vor, aber wie war es wirklich?

Es war in erster Linie tatsächlich sehr kalt. Das lag aber weniger an den Außentemperaturen als an den schwach geheizten Wohnungen. In Häusern ohne Zentralheizung waren nicht alle Räume gleichmäßig warm. Es gab immer völlig ungeheizte Räume, meistens die Schlafzimmer und auch die Vorräume und Eingangsbereiche. Geheizt wurde mit festen Brennstoffen dort, wo halt ein Ofen war, also in der Küche und im Wohnraum – wobei die beiden oft genug in ein und demselben Zimmer, der Wohnküche, untergebracht waren.

Man war also ständig daran gewöhnt, von warmen in kalte Bereiche zu wechseln und umgekehrt. Dieser Kalt-Warm-Reiz stärkte die Immunkräfte und man war vermutlich weniger oft erkältet als heute.

Außerdem gab es etwas in diesen alten Häusern, das wir heute kaum noch kennen: Eisblumen an den Fenstern. An den undichten Fenstern fror das Kondenswasser und – zur Freude der Kinder – zeigten sich auf der Scheibe „Eisblumen". In einem Bauernhaus im Salzkammergut saß ein Mädchen im Winter gerne vor den Fenstern und zeichnete die wunderschönen Gebilde sorgfältig und detailgetreu ab. Keine Eisblume glich jemals der anderen, und so zeichnete dieses Kind ganze Nachmittage lang. Heute zählen die Eisblumen wohl zu den „ausgestorbenen Arten". Man hätte Mühe, ein Fenster aufzutreiben, auf dem sie noch gedeihen ...

Eine andere Erinnerung aus Salzburg: „Wir Mädchen sind den ganzen Tag draußen gewesen und Schlitten gefahren. Aber nicht wie heute mit Skihose und Winterstiefeln. Wir hatten Kleider an und ein Jankerl, darunter nur wollene Strümpfe, die oberhalb des Knies mit Gummibändern gehalten wurden." Trotz der Bewegung haben diese Kinder die Kälte anders, unmittelbarer erfahren als wir heute, und deshalb die wohlige Wärme des Hauses intensiver erlebt: „Wenn ich dann ganz erfroren nach Hause gekommen bin, bin ich gleich hinter den warmen Kachelofen gekrochen. Die Mutter hat mich dann gut zugedeckt, das war für mich immer sehr schön. Auf dem warmen Kachelofen waren auch die Dörrbirnen und die Dörrzwetschken zum Trocknen aufgelegt. Natürlich hab' ich davon genascht!"

„Gott sei Dank haben wir keinen Fernseher gehabt, sonst wäre es nicht so schön gewesen!" Eine Kindheit bis in die 1970er-Jahre bedeutete im Sommer und auch im Winter vor allem eines: viel draußen zu spielen. Klassiker im Winter waren Schlittenfahren und Schneeballschlachten, aber auch zeitaufwendigere Beschäftigungen wie das Bauen von Schneehäusern. „Wir haben stundenlang aus dem Schnee Ziegel geformt und daraus ein richtiges Haus mit Tür und Fenstern gebaut. Man konnte sogar drinnen stehen. Damit haben wir dann tagelang gespielt. Bei uns war es ja sehr kalt und auch wenn die Sonne gescheint hat, hat so ein Haus relativ lange gehalten."

Also doch. War es früher kälter und gab es mehr Schnee? Dazu eine Geschichte wie aus Münchhausens Erzählungen: „Als ich ein kleines Mädchen war, ist der Schnee bei uns meterhoch gelegen. Damit ich in die Schule gehen konnte, haben sie mir einen schmalen Weg ausgeschaufelt. Ich bin dann wie durch einen Tunnel gegangen, rechts und links von mir eine hohe Schneewand, höher als ich selbst. Und so bin ich gegangen, nicht nur ein paar Meter, sondern eine recht lange Strecke, von uns zu Hause durch diesen ausgeschaufelten Hohlweg bis zur nächsten Straße."

Überhaupt, der Schulweg! Als noch keine Schulbusse fuhren, war der Fußweg in die Schule zwar lang, mitunter auch beschwerlich, aber für die Kinder doch ein Stück Freiheit. Der Heimweg dauerte oft doppelt so lang wie der Hinweg. In gebirgigeren Gegenden hatten die Schulkinder ihren Schlitten oder auch

Fröhliche Schlittenfahrt auf einer alten Holzrodel in den 1960er-Jahren

die Skier mit und fuhren dann den ganzen Nachmittag damit, statt heimzugehen. „Wir sind immer wieder hinuntergefahren, dann hinaufgestaffelt oder haben den Schlitten hinaufgezogen und wieder ging's hinunter. So haben wir oft die Zeit übersehen. Über und über voller Schnee und waschelnass sind wir erst in der Dämmerung, am späten Nachmittag, heimgekommen."

Weiße Weihnachten. Bereits zu Weihnachten lag früher also anscheinend immer Schnee. Dass in der Erinnerung die Landschaft stets weiß verschneit war, hängt wohl unter anderem damit zusammen, dass die Schneeräumung auf den Straßen nicht so effizient war wie heute. Auf den großteils ungeräumten Dorfstraßen waren wenige Autos unterwegs, aber dafür gar nicht selten Pferdeschlitten.

Die sieben Kinder einer Familie aus dem Stanzertal freuten sich schon immer sehr auf den Christtag, denn dann fuhr man mit dem Pferdeschlitten zu den Großeltern. Die Kleineren hatten oben auf dem Fahrzeug Platz, für die Größeren wurden hinten zwei Rodeln angehängt und los ging's! „Das Ross ist gerannt und die Leute haben geschaut: Ah, jetzt sind die mit den vielen Kindern wieder unterwegs! Für uns war das sehr lustig. Gefährlich ist es uns nicht vorgekommen. Es waren ja fast keine Autos unterwegs. Die Rodeln wurden mit einem Seil am Pferdeschlitten befestigt und sollen, da das Pferd ständig trabte, immer auf Zug gewesen sein … und gut lenkbar. Abenteuerlich!"

Wertet man die Wetterdaten seit 1951 aus, dann zeigt sich, dass es früher tatsächlich doppelt so oft weiße Weihnachten gegeben hat wie heute. Die Zentralanstalt für Meteorologie und Geodynamik fand heraus, dass es im Zeitraum zwischen 1951 und 1981 in den Landeshauptstädten doppelt so oft Weihnachten mit einer geschlossenen Schneedecke gab als im Zeitraum von 1983 bis heute.

Auch die maximalen Schneehöhen gingen überall zurück. Österreichs Weihnachtsrekord mit 96 Zentimetern Schnee in Innsbruck stammt aus dem Jahr 1961. Die höchste Schneehöhe der letzten Jahre betrug hingegen nur 53 Zentimeter. So viel Schnee gab es 1994 in Graz.

Die Erinnerung trügt uns also nicht. Weiße Weihnachten werden tatsächlich immer seltener. Der Sommerhit der holländischen TV-Legende Rudi Carrell (1934–2006) aus dem Jahr 1975 kann also mittlerweile umgetextet werden: „Wann wird's mal wieder richtig Winter?"

Besen, Karotte, Kohlen, Topf – fertig ist der Schneemann!

Wenn Puppe und Bär zum Doktor gehen

Vor Weihnachten war auf einmal die Puppe verschwunden. Irgendwann im Laufe des Dezembers wurde den Kindern mitgeteilt, dass die Puppen jetzt zum Puppendoktor geschickt werden. „Da haben wir ein paar Wochen lang keine Puppen gehabt. Und dann sind sie zu Weihnachten wieder gekommen – wunderschön, wie neu. Es hat geheißen, der Puppendoktor schneidert auch, denn es waren auch immer neue Kleider dabei."

Es war früher eine sehr beliebte Geschenkidee, Puppen und Stofftiere zu reparieren, statt neue zu kaufen. Zur Rundumerneuerung bei Puppen gehörte fast immer, dass die Arm- und Beingelenke nachjustiert wurden. Das gummiartige Band, das Arme und Beine hielt, leierte leicht aus und musste ersetzt werden. Waren Arme und Beine beschädigt, wurden neue angebracht. Weder kopflose Puppen noch ausgerissene oder abgeschnittene Haare stellten den Puppendoktor vor echte Probleme. Eine gute Puppenklinik war Ersatzteillager für alle Notfälle und oft im nächsten Spielzeuggeschäft beheimatet. Dort war alles vorrätig und man konnte im Fall des Falles neue Arme oder Beine kaufen. Der Puppendoktor war nicht selten Mutter, Vater oder eine talentierte Tante, die das Puppengesicht neu bemalten oder – bei Stoffpuppen – den Körper neu nähten.

Auch Teddybären wurden zum Restaurieren in die Puppenklinik geschickt. Sie bekamen dort neue Bärenaugen und bei Bedarf auch eine neue Füllung. Ohren wurden angenäht, Fell repariert und, wie bei den Puppen, ausgerissene Gliedmaßen wieder befestigt.

Zu Weihnachten kam das Spielzeug dann mit neuer Kleidung zurück. Der Bär bekam eine gestrickte Weste und die Puppe gleich mehrere Kleidungsstücke: „Unser Puppendoktor lebte in Wien. Später habe ich erfahren, dass das eine Cousine von der Mama war. Sie hat die wunderschönsten Puppenkleider genäht."

Auch sehr beliebt und heute fast schon vergessen ist die „Stoffresteschachtel". „Meine Mama hat eine Schuhschachtel mit schönem Papier überzogen und lauter Stoffreste hineingetan. Geblümte, gepunktete, einfärbige Stoffe und dazu Nadel, Zwirn und eine kleine Schere. Das war dann das Weihnachtsgeschenk. Damit hab' ich so eine Freude gehabt, weil ich jetzt selbst für meine Puppe nähen konnte."

Keine Wegwerfprodukte. Warum nicht als Weihnachtsgeschenk kaputtes Spielzeug reparieren, statt neues zu kaufen? Nicht nur Teddy und Puppe, jedes Plüschtier kann in die Puppenklinik oder zum Bärendoktor gebracht werden. Wer selbst kein handwerkliches Geschick hat, findet ohne Mühe auch heute noch im Internet und im Telefonbuch einschlägige Puppenkliniken.

Was für Puppen und Plüschtiere gilt, kann auch für anderes Spielzeug gelten. Beschädigte Autos und andere Fahrzeuge können in der Spielzeugauto-Werkstatt repariert werden. Holzspielzeug jeder Art kann beim Tischler renoviert werden, und sogar defekte Elektrospielzeuge finden möglicherweise noch jemanden, der sie davor bewahrt, zum Müll zu wandern.

Allerdings, nicht jedes Spielzeug lässt sich noch reparieren. Manche Spielsachen sind reine Wegwerfprodukte – einmal kaputt bedeutet immer kaputt. Daher lohnt es sich schon beim Kauf auf Qualität und Machart zu achten und nicht Spielzeug mit einem – im übertragenen Sinn – eingebauten Ablaufdatum zu kaufen.

Manche Kinder lieben die Idee einer Puppen- oder Spielzeugklinik. Sie können dort gemeinsam mit den Eltern ihr Spielzeug abgeben und sich auch selbst über die Möglichkeiten einer Reparatur informieren. Viele Kinder möchten auch gerne zusehen, wie ihr Teddy oder ihr Lieblingsauto renoviert wird und vielleicht sogar selbst dabei mithelfen. Falls sich Mama oder Papa eine Reparatur zutrauen, kann das Kind bei allen Arbeitsschritten dabei sein.

Oder man hält es so, wie es früher war. Das Spielzeug verschwindet und wird mit Spannung zu Weihnachten wieder erwartet. Die Freude war dann besonders groß; auch, weil man so lange auf die Puppe, den Bären verzichten hat müssen. Eine Frau fasst die Vorfreude, die sie damals empfunden hat, in Worte: „In den Wochen vor Weihnachten war die Spannung groß. Wie wird die Puppe wohl ausschauen? Welche Kleider wird sie anhaben? Es war fast schöner als eine neue Puppe zu bekommen. Und es war jedes Mal wieder eine große Überraschung."

Was für eine Freude, wenn die Puppen, neu eingekleidet und restauriert, vom Puppendoktor zurückkommen – genau zu Weihnachten!

Das Kripperl wird aufgestellt

Viel älter als der Christbaum ist die Weihnachtskrippe. Noch heute begegnet man alten Menschen, die in ihrer Kindheit zu Weihnachten zwar keinen Baum, dafür aber eine Krippe hatten. Wir können uns heute Weihnachten ohne Christbaum fast nicht mehr vorstellen, dabei ist der lichtergeschmückte Nadelbaum im Vergleich ein relativ junger Brauch. Christbäume gibt es bei uns erst seit knapp zweihundert Jahren, Krippen hingegen schon mehr als doppelt so lang.

Denken wir an Weihnachtskrippen, stellen wir uns die geschnitzten Tiroler Krippen vor oder die oft mehrere Quadratmeter großen Landschaftskrippen im Salzkammergut. Krippen sind in unserer Wahrnehmung etwas typisch Alpenländisches, etwas Urösterreichisches. Dabei sind sie eine italienische „Erfindung". Im Jahr 1223 kam Franz von Assisi auf die Idee, zu Weihnachten die Geburt Jesu als „lebendes Bild" mit echten Personen nachzustellen. In einer Höhle im Wald von Greccio wollte er den Stall von Bethlehem nachbauen und allen Bewohnern der Gegend die Möglichkeit geben, sich davor zu versammeln und dort Weihnachten zu feiern. Leute aus dem Dorf sollten Maria, Josef, die Hirten, die Könige und die Engel darstellen, nur das Jesuskind selbst sollte kein echtes Baby sein, sondern eine aus Wachs geformte Puppe.

Auch echte Tiere konnten natürlich nicht fehlen. Es soll mitunter beinahe ein Streit darüber entstanden sein, welcher Bauer Ochs und Esel für das Krippenspiel zur Verfügung stellen durfte. Man entschied sich, eine Art Casting abzuhalten. Jene Tiere mit den lautesten Stimmen sollten genommen werden. Es handelte sich bei diesem ersten Krippenspiel nämlich keineswegs um eine stille und besinnliche Angelegenheit, sondern um ein Freudenfest mit lautem Jubel, Trommeln und Trompeten. Tatsächlich wurden schließlich unter 80 Ochsen und mehr als 100 Eseln die beiden stimmgewaltigsten ausgewählt.

Das gefiel den Leuten so gut, dass man die Krippenspiele auch anderswo abhalten wollte und die lebenden Darsteller aus dem Wald da und dort durch hölzerne ersetzte. So verbreitete sich der Brauch zunächst rasch in Italien. Im 16. Jahrhundert griffen die Jesuiten die Idee der Weihnachtskrippe auf und machten sie auch außerhalb Italiens populär. Bis dahin wurden Krippen niemals in Privathäusern aufgestellt, sondern immer nur in Kirchen und Klöstern. Ausgerechnet Kaiserin Maria Theresia und ihr Sohn Joseph II. verboten im Zuge der Aufklärung die Aufstellung von Krippen in Kirchen und öffentlichen Gebäuden und legten so den Grundstein für den schönen Brauch der Hauskrippe. Die Menschen begannen damals, die Krippen mit kleineren Figuren in ihren Häusern heimlich nachzubauen, und so wurden die Weihnachtskrippen, wie wir sie heute kennen, zum Mittelpunkt familiärer Weihnachtsfeiern.

Jede Krippe erzählt eine Geschichte ohne Worte. Wer es genau nimmt, stellt seine Krippenfiguren deshalb nach und nach auf. Das Drehbuch dazu liefert die Weihnachtsgeschichte im Lukasevangelium – bis auf eine Ausnahme: Ochs und Esel kommen in der biblischen Geschichte nämlich gar nicht vor. Dennoch gehören sie zur Krippe wie das Stroh, auf dem das Jesuskind liegt.

Die Aufstellung der Krippe könnte also wie folgt vor sich gehen: Zunächst stehen Ochs und Esel im Stall und warten auf die kommenden Ereignisse. Kurz vor Weihnachten ziehen Maria und Josef ein, am Heiligen Abend wird der neugeborene Jesus in einer feierlichen Zeremonie in die bis dahin leere Futterkrippe gelegt, und am ersten und zweiten Weihnachtstag folgen die Hirten mit ihren Schafen. Ab Neujahr nähern sich die drei Weisen aus dem Morgenland, bis sie schließlich am 6. Jänner, dem Dreikönigstag, mit ihren Gaben vor das Jesuskind treten.

Wie lange soll eine Krippe stehen bleiben? Wer will, kann sie den ganzen Advent hindurch zu einer Krippenlandschaft aufbauen und sie bis zum längstmöglichen Zeitpunkt, dem 2. Februar, zu Lichtmess, dem offiziellen Ende der Weihnachtszeit, stehen lassen. Viele halten es allerdings so, dass sie die Krippe kurz vor oder zu Weihnachten aufbauen und am 7. Jänner wieder wegräumen.

Die Krippe wurde in den Bauernhäusern im Herrgottswinkel aufgestellt wie hier in den 1930er-Jahren beim vulgo Wöllinger im Arzwaldgraben bei Übelbach.

Früher war es in Familien Brauch, sich selbst eine Krippe zu basteln. Der Stall war aus Rinde schnell gebaut. Wer handwerklich geschickt war, baute auch aufwendiger: „Unser Stall war aus Holz und mit kleinen Schindeln gedeckt. Um den Stall herum war alles mit Moos, Flechten, Wurzeln und ein paar Steinen dekoriert."

Das Kripperl wurde schon Tage vor dem Aufstellen vom Dachboden oder sonst woher geholt, denn es gab immer etwas zu reparieren und auszubessern. Eine Frau, die alle Figuren aus Stoffresten selbst genäht hat, gab jeder Krippenfigur, auch den Hirten, einen Namen: „Vom Riapl war die Hose zerrissen und musste ausgebessert werden. Das Jankerl vom Seppl hab ich neu gestrickt und manchmal hat auch die Maria einen neuen blauen Umhang bekommen."

Diese Namen – Riapl, Seppl, aber auch Hansl, Lenz, Stoff, Joggl und Maxl – haben sich eingebürgert, weil die Hirten in vielen Liedern so genannt werden. Das bekannteste ist wohl das Hirtenlied „Gott Griaß enk Leutln allesamt", in dem die Hirten Lenz, Ruap und Stoff von der Verkündigung der Geburt des Heilands durch den Engel erzählen und von ihrer Begegnung mit dem Kind im Stall.

Ausgehend von der Beschreibung in den alten Hirtenliedern wird Ruprecht, genannt Riapl, meistens mit einem Sack Heu dargestellt, Seppl mit dem Lampenlicht und Hansl mit dem Lämpchen. Gerade bei der Gestaltung der Hirtenfiguren und der Gabenbringer kann sich oft Witz und Kreativität entfalten. In Italien, dem Herkunftsland der Krippen, werden gerne Prominente als Krippenvolk in Szene gesetzt. Eine ähnliche Idee hatte der Pfarrer von Kammern im steirischen Liesingtal in den 1950er-Jahren. Jeder, der für die neue Weihnachtskrippe spendete, wurde dafür vom Holzschnitzer als Krippenfigur lebensecht porträtiert. So kommt es, dass dort die Gesichter von Maria, Josef und den Hirten verblüffende Ähnlichkeit mit ansässigen Bauern, Landarbeiterinnen und ehemaligen Bürgermeistern haben. Insider wissen, dass sogar der abgebildete Hund ein lebendes Vorbild hatte, nämlich Murli, den Hund des Pfarrers.

Gemma Kripperl schauen. Genauso wichtig wie das Aufstellen der Krippe ist das genaue Betrachten und Bestaunen derselben. Daraus hat sich sogar ein eigener Brauch entwickelt, die Kripperlroas. So nennt man im Salzkammergut das gegenseitige Besuchen der Hauskrippen. Man geht dabei von Haus zu Haus und bewundert die oft beeindruckenden Krippenlandschaften mit Hunderten Figuren.

Eine 1938 geborene Frau erinnert sich, was das „Kripperlschauen-Gehen“ für sie als Kind bedeutet hat: „Ich bin ohne Fernseher aufgewachsen, deswegen hab’ ich einen ganz anderen Blick für diese Krippen gehabt. Alle waren verschieden und so interessant zum Anschauen! Was es da alles zu entdecken gab! Alle möglichen Berufe sind dahermarschiert und die Hirten haben ein Lamperl (Anm.: Lämmchen) um den Hals gehabt und die Frauen einen Kuchen gebracht. Aber am besten hat mir immer das Jesuskind gefallen.“

Wer sich keine geschnitzte Krippe leisten konnte, stellte eine Faltkrippe aus Papier auf. Diese Krippen waren wie ein Diorama aufgebaut, ließen sich auseinanderschieben und waren oft mit Gold- und Silberflitter reich verziert. Solche Krippen hatten im Herrgottswinkel Platz, der zusätzlich mit Tannenzweigen und Strohsternen geschmückt war.

Viele Kinder, besonders Buben, bastelten sich früher selbst eine Krippe. Prägend für diese Generation war die Kinderzeitschrift *Wunderwelt*. Ab den 1950er-Jahren gab es in der Adventzeit immer Sonderhefte mit bunten Weihnachtsbastelbögen, entweder mit Anleitungen für Krippenfiguren und den Stall, für Faltkrippen oder für ganze Papierkrippen. Ein Mann erinnert sich: „So ein Heft hat zwei Schilling und fünfzig Groschen gekostet. Dafür hab’ ich gespart. Das hat für mich zum Advent einfach dazugehört, dass ich mir eine Krippe aus der *Wunderwelt* bastle.“

Diese kindliche Freude an den Weihnachtskrippen ist uns mittlerweile oft verloren gegangen. Ganz anders in Italien. Dort widmet man sich dem Thema mit südländischer Leidenschaft. In Neapel etwa kann man in der Via San Gregorio Armeno, der bekannten „Krippenstraße“, das ganze Jahr hindurch Krippenfiguren und Zubehör bewundern und kaufen. Im Mittelpunkt stehen nicht nur die religiösen Figuren, sondern auch Fisch- und Obsthändler, Kastanienverkäufer, Pizzabäcker mit flackernden Pizzaöfen, Fleischhauer und Straßenhändler aller Art. Viele italienische Familien kaufen jedes Jahr für ihre Krippe zumindest eine neue Figur dazu. Das kann – der humorvollen Krippentradition entsprechend – durchaus auch die Nachbildung eines Prominenten sein.

Bei uns hingegen scheint die große Zeit der Krippen vorbei zu sein, vielleicht deshalb, weil uns die Ruhe zum Betrachten fehlt. Wir sind übersättigt, auch mit optischen Reizen, und gerade der Advent und die Weihnachtszeit bieten davon mehr als genug. Eine Krippe selbst zu basteln und aufzustellen ist da eine Art Gegenprogramm. Es hilft uns, wieder achtsam zu werden und uns vom Trubel des Dezembers ein wenig zu erholen.

Tipp

Warum nicht die schöne alte Tradition der Papierkrippen wiederaufleben lassen? Ausschneide- und Bastelbögen gibt es heute noch zu kaufen!

Der dritte Advent

Ein herrlicher Duft erfüllt das Haus.
Wir freuen uns auf die lieb gewordenen
Kipferln, Busserln und Keckserln.

Macht hoch die Tür

Wer nicht warten kann, kann nichts erwarten. Wer aber nicht weiß, worauf er eigentlich wartet, für den verliert die Wartezeit an Sinn. Das Wort „Advent" leitet sich vom lateinischen „adventus" ab und bedeutet Ankunft. Für Christen ist der Advent also eine Zeit des Wartens und eine Zeit der Vorbereitung auf die Geburt Jesu, auf die Ankunft des Herrn. Ausgehend von diesem Gedanken war der Advent früher eine ruhige Zeit, sogar eine Fastenzeit. Wir können sie am ehesten mit der Zeit vor Ostern vergleichen, in der die Menschen heute noch – oder wieder –, wenngleich oft aus anderen Gründen, fasten und nach der lauten Faschingszeit etwas zur Ruhe kommen.

Das Fasten im Advent konnte bedeuten, sich beim Essen allgemein ein wenig einzuschränken. Für jene, die es ganz genau nahmen, war es ein völliger Fleischverzicht bis einschließlich 24. Dezember, also bis Mitternacht des Heiligen Abends. Viele hielten es so, dass sie nur an den zwei klassischen Wochenfasttagen, dem Freitag und dem Mittwoch, auf Fleisch verzichteten. In Zeiten ohne Kühlschrank, als Fleisch durch Selchen haltbar gemacht wurde und oft trockenes, zähes Geselchtes den Speiseplan bestimmte, war der Verzicht darauf für viele kein großes Problem, ganz im Gegenteil. Nicht nur den Kindern schmeckte eine Mehlspeise oder ein saftiger Sterz ohnedies besser.

Genau genommen hätte man in der Fastenzeit auch auf andere fleischliche Genüsse verzichten sollen: „Der Bua hat in der Fastenzeit nicht zum Mensch gehen dürfen. Fensterln war verboten. Im Großen und Ganzen wurde das von den Eltern des Mädchens schon überwacht." Wehe, wenn sich dann im Schnee doch verdächtige Spuren fanden!

Adventfasten hieß für viele, in dieser Zeit auf Genüsse zu verzichten, die einem viel bedeuten. Ein Gastwirt liebte es, Pfeife zu rauchen und sich ab und zu eine gute Zigarre zu gönnen. Er war ein Genussmensch, aber mit Maß und Ziel. Dieser Herr pflegte im Advent zu fasten und auch nicht zu rauchen. Erst, wenn am Heiligen Abend die ersten Sterne am Himmel zu sehen waren, erst dann und keine Minute früher, pflegte er, sich wieder sein „Zigarrl“ oder seine Pfeife anzuzünden. Und so wurde dieser Moment mit Spannung erwartet: Wenn es am 24. Dezember endlich zu dämmern begann, waren seine Enkelkinder aufgeregter als der Großvater. Sie liefen immer wieder ins Freie hinaus, um nachzusehen, ob nicht schon der erste Stern am Himmel auftauchte. Eines dieser Kinder erinnert sich: „Mehrmals sind wir in den Schnee hinausgelaufen und haben den Himmel abgesucht. Dann war das erste Sternderl zu sehen! Wir haben geschrien und der Opapa war selig und hat endlich wieder seine Pfeife geraucht.“

Das erste Keks wurde am Heiligen Abend verzehrt. Die Älteren unter uns werden sich noch daran erinnern: Niemals, wirklich niemals wäre das Weihnachtsgebäck auch nur einen Tag vor dem Heiligen Abend verzehrt worden. Ja, selbst am 24. Dezember musste man noch bis nach der Bescherung warten, ehe man vom Keksteller naschen durfte. Auch dies hängt noch mit dem Fastengebot in der Adventzeit zusammen und mag uns vom heutigen Standpunkt aus ziemlich streng und genussfeindlich erscheinen. Doch genau das Gegenteil ist der Fall. Durch das Warten wächst die Vorfreude und die Vorfreude steigert den Genuss.

Im Fall der Kekse wuchs die Vorfreude durch das Backen. Ein herrlicher Duft erfüllte das Haus und, wenn die Mutter streng war, durfte man, genauer gesagt die Kinder, nicht einmal probieren und kosten. Das Gebäck wurde in Dosen verpackt und an geheimen, für Kinder unerreichbaren Orten gelagert. Dies war oft ein Versteck auf einem Schrank in einem kühlen Raum wie dem Elternschlafzimmer, manchmal aber auch, wie in diesem Fall, ein regelrechter „Keks-Tresor“: „Unsere Mutter trug außen an ihrer Schürze immer einen großen Schlüsselbund. Einer dieser Schlüssel war für den Einsiedeschrank. Dort wurden Eingemachtes, Kompott, Marmeladen und vor Weihnachten auch die Kekse verwahrt. Dieser Schrank war immer versperrt. Wenn die Mutter dort aufsperrte, dann wussten wir Kinder, jetzt kriegen wir etwas Besonderes, ein Kompott zur Nachspeise oder in der Weihnachtszeit eine Schüssel mit Keksen.“

Jede Familie hatte eigene überlieferte Rezepte für Weihnachtsgebäck.

Für Kinder dieser Generation waren das Weihnachtsfest und die Weihnachtskekse eins. Sie wollten sich darauf freuen und wussten daher auch, dass die Wartezeit notwendig war: „Ich hätte nicht genascht oder heimlich welche gestibitzt, weil ich das selbst so haben wollte, dass Kekse erst am Heiligen Abend gegessen werden. Das hat für mich zu Weihnachten dazugehört. Das war eines der Dinge, auf die ich mich gefreut habe."

Advent ist noch nicht Weihnachten. Die Trennung zwischen Advent und Weihnachten scheint es heute gar nicht mehr zu geben. Man ist schon froh, wenn Weihnachtsschmuck, Christbäume, Weihnachtsgebäck und Weihnachtslieder erst im Advent auftauchen und uns nicht schon im November oder gar im Oktober belästigen. Es gilt, die Zeit bis Weihnachten ohne Gewichtszunahme und ohne zu viel Stress irgendwie zu überstehen und man fragt sich, wie jemals der Advent als stillste Zeit im Jahr bezeichnet werden konnte?

Es gibt bereits im Dezember derart viele Weihnachtsfeiern, dass die Menschen zu Weihnachten oft schon des Feierns überdrüssig

Macht hoch die Tür

Macht hoch die Tür, die Tor macht weit;
es kommt der Herr der Herrlichkeit,
ein König aller Königreich,
ein Heiland aller Welt zugleich,
der Heil und Leben mit sich bringt;
derhalben jauchzt, mit Freuden singt:
Gelobet sei mein Gott,
mein Schöpfer reich von Rat.

Text: Georg Weissel (1590–1635)

Dies ist eines der ältesten deutschen Adventlieder. Der Königsberger Pfarrer Georg Weissel schrieb den Text im Jahr 1623 in Anlehnung an den Vers aus Psalm 24: „Macht die Tore weit und die Türen in der Welt hoch, dass der König der Ehren einziehe!"

Zu dem Lied erzählt man sich folgende Geschichte:
Ein gewisser Herr Sturgis soll sich beharrlich geweigert haben, den Weg zur Kirche in Regensburg, der vom Armenhaus über sein Grundstück führte, freizugeben. Erst als er dieses Lied hörte, wurde sein Herz erweicht und er öffnete das versperrte Tor.

sind. Sie sind erschöpft, nicht nur vom Einkaufstrubel, sondern auch von all den Events im Vorfeld und warten nur darauf, dass endlich alles vorbei ist.

Vielleicht hilft es, sich einfach daran zu erinnern, dass der Advent ursprünglich die Wartezeit auf Weihnachten war. Es mag uns seltsam erscheinen, aber früher unterschied man sogar zwischen Adventliedern und Weihnachtsliedern. Sang man im Advent etwa schon das Lied „Ihr Kinderlein kommet“, dann wurde man zurechtgewiesen: „Advent ist Advent, haltet euch daran. In der Weihnachtszeit ist eh noch genug Zeit, dieses Lied zu singen.“

Der alte Rhythmus der Vorweihnachtszeit hatte sein Gutes. Gerade, weil in diesen Wochen nicht jederzeit überall alles möglich war und man sich eine Zeit lang zum Verzicht entschlossen hatte, war der Advent eine stille Zeit. Das Wort Fasten kommt von „festhalten“. Damit ist gemeint, dass jeder Einzelne sich entscheiden kann, an einem Verzicht „festzuhalten“, es aber nicht zwingend muss. So könnte die Adventzeit wieder ihre alte Dramaturgie zurückgewinnen und auf Weihnachten vorbereiten, anstatt das Fest schon vorwegzunehmen und damit zu „zerstören“.

Der wunderbare Keksteller

Vanillekipferl, Anisbögen, Linzer Radl, Kokosbusserl, Lebkuchen und selbstverständlich Mürbteiggebäck durften auf einem traditionellen weihnachtlichen Keksteller nicht fehlen. Dazu kommen einige hauseigene Spezialitäten, die es in ihrer Art nur in der jeweiligen Familie gab und sonst nirgendwo anders.

Die Zusammenstellung des Kekstellers wollte schon Tage und Wochen vorher geplant sein. Aus mehreren Kekssorten sollte er bestehen und, im Gegensatz zu heute, lieber keine Überraschungen bieten. Denn man freute sich ja schon den ganzen Dezember lang auf die seit der Kindheit liebgewonnenen Kipferln, Busserln und Kekserln.

Damit der Keksteller möglichst bunt und vielfältig wurde, durfte auch fremde Hilfe in Anspruch genommen werden. In manchen Orten gab es Mehlspeisbäckerinnen, die ins Haus kamen und dort einen Tag lang „besondere" Kekse, heikles Windgebäck und aufwendigere Bäckereien herstellten.

Ein Teller voller Kekse steht am Gabentisch. Selbst am Christbaum hängen neben Girlanden und Zuckerln noch ein paar Kekse.

Ein Grundbestandteil, ohne den es aber in keinem Fall ging, waren die Mürbteigkekse. In vielen Häusern, gerade am Land, war das oft die einzige Kekssorte, die überhaupt gebacken wurde. Eine ehemalige Bauernmagd erinnert sich: „Vor Weihnachten haben wir aus zweieinhalb Kilo Mehl, einem Kilo Butter, Zucker und etlichen Eiern eine riesige Menge Keksteig gemacht. Das war für mich Weihnachten!“ Diese Kekse wurden im Brotbackofen gebacken und sollen unvergleichlich gut geschmeckt haben.

Einige der Mürbteigkekse waren dazu ausersehen, den Christbaum zu schmücken. Sie wurden so ausgestochen, dass man sie später mit einem Wollfaden an den Zweigen befestigen konnte. Ein Christbaum ohne Kekse war bis vor wenigen Jahrzehnten in vielen Familien undenkbar. Besonders die Kinder liebten den unverwechselbaren Geruch der frischen, duftenden Kekse am Baum.

Es war ein großer Moment, wenn am Heiligen Abend nach der Bescherung der Keksteller auf den Tisch gestellt wurde. Nicht nur, dass es die guten Kekse ausschließlich zu Weihnachten und vielleicht bei Hochzeiten gab, man hatte sich den ganzen Advent auch beim Essen zurückgehalten und erlebte nun den Keksschmaus als eine Art köstliches Fastenbrechen.

Geheimnisvolle Schachteln. Acht Kinder hatte diese Familie, und einem davon, einem Mädchen, fiel auf, dass die Mutter schon seit Monaten die leeren Franck-Schachteln aufhob. Ältere Leute werden sich an die traditionsreiche Linzer Kaffeefirma Franck & Kathreiner mit ihren typischen weiß-blauen Verpackungen erinnern. Der Kathreiner Malzkaffee war lange Zeit der Kaffeeersatz in den österreichischen Haushalten.

Wohl mehr als ein Jahr lang hat diese Frau die leeren Schachteln gesammelt, um ihren Kindern damit ein besonderes Weihnachtsgeschenk zu machen. Jedes Kind bekam zum Fest eine Schachtel, bis zum Rand gefüllt mit Keksen. „Das war so ein schönes Geschenk! Das war wie Geburtstag und Weihnachten zugleich für mich!“ Dem Mädchen gefiel es, dass es nun über diese Kekse ganz allein verfügen durfte. Es konnte sie sofort essen oder auch aufsparen, ganz, wie es wollte, auf jeden Fall musste es sie mit niemandem teilen. Das war in einer kinderreichen Familie ein seltener Luxus.

Naschereien der besonderen Art gab es in einer anderen Familie. Jedes der fünf Kinder eines Volksschuldirektors bekam zu Weihnachten Jahr für Jahr seinen eigenen Teller mit Weihnachtsgebäck. Dieser enthielt immer eine genau abgezählte Anzahl von Keksen, zwei Stück Nusspotize, das ist ein Germteigstrudel mit Nussfüllung, und dazu noch ein Stück Torte. Ein Mädchen mochte die Torte gar nicht, ein Bruder hingegen sehr. Also wurde noch vor Erhalt des Tellers gehandelt. Der Bub sicherte sich immer schon im Vorfeld sein Anrecht: „Geh, die Torte verkaufst du eh wieder mir?" Man ist sich stets handelseinig geworden und das Tortenstück wurde gegen Gebäck eingetauscht.

Kekssorten und Lebkuchen wurden einzeln in Dosen verpackt aufbewahrt. Feierlich wurden immer nur ein paar Stück von jeder Sorte entnommen und mit Bedacht auf dem Teller platziert. Zu jeder Kaffeejause und immer, wenn Gäste kamen, wurde die köstliche Weihnachtsbäckerei angeboten. Die letzten Kekserln hielten dann oft bis Lichtmess am 2. Februar, dem „offiziellen" Ende des Weihnachtsfestkreises.

Kekse backen nach alten Familienrezepten

Statt immer nach neuen Rezepten zu suchen, blicken wir doch auf Bewährtes. Klassische Keksrezepte finden sich in jeder Familie – sie sind es wert, wiederentdeckt zu werden!

Die guten Mürbteigkekse werden ausgestochen. Bald ist die Küche von feinem Duft erfüllt, wer wollte da nicht kosten? Aber gegessen wurden Kekse früher immer erst zu Weihnachten.

Feine Mürbteigkekse

Für viele Rezepte gab es früher zwei Varianten, eine normale und eine bessere. Die Sparvariante enthielt weniger Butter und weniger Eier. Die feine, bessere Variante kam nur an Festtagen auf den Tisch.

ZUTATEN

300 g	glattes Mehl
200 g	Butter
100 g	Zucker
1–2	Eidotter
1 EL	Milch

ZUBEREITUNG

Die Butter in Stückchen schneiden und mit dem Mehl abbröseln. Mit den übrigen Zutaten rasch zu einem glatten Teig verarbeiten und kühl rasten lassen. Den Teig messerrückendick ausrollen und mit kleinen, runden Formen ausstechen.

Im vorgeheizten Rohr bei ca. 165–175 °C auf Sicht hellbraun backen.

Hauskekse

Dieses Familienrezept ist das Keksrezept schlechthin. Solche einfachen Mürbteigkekse fanden sich früher in jedem Haus oft auch als Süßigkeit auf dem Christbaum.

ZUTATEN

300 g	glattes Mehl
150 g	Butter
100 g	Zucker
1	Ei
2 EL	Milch

ZUBEREITUNG

Die Butter in Stückchen schneiden und mit dem Mehl abbröseln. Mit den übrigen Zutaten rasch zu einem glatten Teig verarbeiten und kühl rasten lassen. Den Teig messerrückendick ausrollen und mit kleinen, runden Formen ausstechen.

Im vorgeheizten Rohr bei ca. 165–175 °C auf Sicht hellbraun backen.

Altösterreichische Ingwerbäckerei

Ingwerbäckereien gehörten noch bis in die 1950er-Jahre in Österreich auf den feinen Keksteller. Dieses Rezept stammt von einer herrschaftlichen Köchin, die – 1883 geboren – ihre Lehrjahre in Wien verbrachte und später in Prag und in Schlössern in Niederösterreich kochte. In dieser Familie werden selbstverständlich heute noch die schönen alten Ingwerausstecher aus Weißblech verwendet, die der Form der Ingwerwurzel nachempfunden sind.
(Die Formen gibt es im Internet beispielsweise unter www.backwelt.at.)

ZUTATEN

2 Eier
180 g Zucker
250–300 g Mehl, je nach Größe der Eier
2 Messerspitzen Hirschhornsalz
2 TL–1 EL gemahlener Ingwer, je nach Geschmack

ZUBEREITUNG

Eier und Zucker schaumig rühren, Mehl mit Hirschhornsalz mischen und alle Zutaten zu einem glatten Teig verarbeiten. Den Teig 3–4 mm dick ausrollen, mit Ingwerformen ausstechen und auf ein Blech legen.

Über Nacht kühl rasten lassen und im mäßig heißen Rohr bei 150 °C ca. 10 Minuten backen. Die Bäckerei wird doppelt so hoch und soll noch hell sein.

Unsere gute Linzer Bäckerei

Die Familie, in der dieses Rezept von der Mutter an die Tochter weitergegeben wurde, hielt es so: Erst kurz vor dem Servieren wurden die Kekse mit der Marmelade zusammengesetzt.
So blieb das Linzer Gebäck knusprig und weichte nicht auf.

ZUTATEN

420 g Mehl
140 g Zucker
280 g Butter
4 Eidotter
1 Ei verquirlt, zum Bestreichen
1:1-Mischung aus geriebenen Nüssen und Kristallzucker
Marillenmarmelade zum Füllen

ZUBEREITUNG

Die Butter in Stückchen schneiden und mit dem Mehl abbröseln. Mit den übrigen Zutaten rasch zu einem glatten Teig verarbeiten. Dünn ausrollen und mit runden Formen ausstechen.

Wer will, kann bei der halben Menge Kekse in der Mitte ein Loch ausstechen. Auf jeden Fall werden bei diesem Rezept alle Kekse vor dem Backen mit Ei bestrichen und die Hälfte (mit dem Loch) zusätzlich mit der Nuss-Kristallzucker-Mischung bestreut.

Im vorgeheizten Backrohr bei 175 °C ca. 13 Minuten backen. Erst direkt vor dem Servieren je ein bestreutes und ein unbestreutes Keks mit Marillenmarmelade zusammenkleben.

Großmutters Pfefferkuchen/ Lebkuchen

Von der herrschaftlichen Köchin, von der bei der Ingwerbäckerei die Rede war, stammt auch dieser Lebkuchen. Nach ihrer Heirat war sie als Köchin bei ihrer Verwandschaft „heiß begehrt". Jeden Advent dasselbe Ritual: Sie fuhr zu den Verwandten, um dort ihren berühmten Pfefferkuchenteig anzusetzen und kam drei Wochen später ein zweites Mal, um ihn zu backen. Diese lange Ruhezeit macht den Teig besonders intensiv im Geschmack!
Im handgeschriebenen Kochbuch dieser Frau steht der für Österreich ungebräuchliche Name „Pfefferkuchen". Dennoch ist es ein klassisches Lebkuchenrezept, so, wie man es früher kannte.

ZUTATEN

500 g Weizenmehl
500 g Roggenmehl
4–5 gestrichene KL Zimt
2 schwach gestrichene KL Nelken, gemahlen
1 KL Muskat, gemahlen
1,5 KL Kardamom, gemahlen
1 unbehandelte Zitrone (Saft und Schale)
500 g Honig
500 g Zucker
15 g Hirschhornsalz
4 Eier
250 g Mandeln, geschält und fein gehackt
100 g Butter, weich
3 Rippen Schokolade, gerieben
Zitronat, Orangeat nach Belieben, fein gehackt
evtl. geschälte Mandeln zum Verzieren

ZUBEREITUNG

Mehle und Gewürze trocken mischen. Honig und Zucker zusammen erwärmen, bis der Zucker sich aufgelöst hat, noch lauwarm über die Mehlmischung gießen. Hirschhornsalz in etwas Wasser auflösen und dazugeben, ebenso die Eier und alles andere. Zu einem Teig verarbeiten. Dieser kann zwei bis drei Wochen rasten, aber auch schon am nächsten Tag gebacken werden.

Den Teig ca. 5 mm dick ausrollen, mit beliebigen Formen ausstechen, mit Ei bestreichen und evtl. mit Mandeln verzieren. Bei mäßiger Hitze backen.

Veitscher Luft

Das Besondere an diesen Keksen ist, dass sie innen hohl sind. Da dieses Rezept aus der Veitsch stammt, heißen sie Veitscher Luft. Aber je nachdem, wo sie gebacken werden, kann sich der Name ändern in Wiener Luft, Linzer Luft, Bregenzer Luft ...

ZUTATEN

280 g	Staubzucker
70 g	dunkle Schokolade
2	Eiklar (von eher kleinen Eiern)

ZUBEREITUNG

Schokolade über Wasserbad erweichen, mit Staubzucker und Eiklar rasch zu einem Teig verarbeiten. Vorsichtig auf einer mit Staubzucker bestreuten Arbeitsfläche circa 4 mm dünn ausrollen und mit nicht zu kleinen Keksformen ausstechen. Die Masse in kleinen Mengen verarbeiten, da sie auf keinen Fall mehrmals ausgerollt werden soll.

Kekse auf ein vorbereitetes Blech legen und im vorgeheizten Rohr bei ca. 150 °C ca. 10 Minuten backen. – Wichtig: Nicht zu heiß backen, sonst zerrinnen die Kekse!

Hausrezept Vanillekipferl

Dieses Rezept stammt aus einer traditionsreichen Gastwirtefamilie. Allerdings scheiden sich auch dort die Geister, was die Nüsse angeht. Die einen schwören auf Walnüsse, die anderen auf Mandeln.

ZUTATEN

250 g glattes Mehl
210 g Butter, zimmerwarm
100 g Nüsse
70 g Staubzucker
Mischung aus Staubzucker und Vanillezucker zum Bestreuen

ZUBEREITUNG

Alle Zutaten rasch zu einem Teig verarbeiten und zwei Stunden kühl rasten lassen. Längliche Rollen mit einem Durchmesser von ca. 1,5 cm formen, davon kleine Stücke abtrennen und daraus Kipferln formen.

Auf ein mit Backpapier ausgelegtes Blech legen und bei 165–175 °C 10–12 Minuten auf Sicht hell backen. Die noch heißen Kipferln in dem Staubzucker-Vanillezucker-Gemisch wälzen.

Falsche Marzipankugeln

Diese Süßigkeit erinnert an die hervorragende Köchin eines Landgasthauses. Sie konnte aus Grieß „falschen Marzipan" herstellen, der tatsächlich wie echter Marzipan schmeckte. Die Frau hatte vorher am Semmering gekocht, als dieser noch seine beste Zeit hatte. Möglicherweise stammt das Rezept von dort. Wie auch immer, die Kinder des Gasthofs freuten sich auf Weihnachten, weil dann gab es „Grießmarzipan".

ZUTATEN

200 g	Staubzucker
250 g	Grieß
1	Fläschchen Bittermandelaroma
250 g	Butter, flüssig

evtl. Kakao zum Wälzen

ZUBEREITUNG

Staubzucker, Grieß und Aroma vermischen, diese Masse mit der flüssigen Butter gut vermengen und etwa 30 Minuten kühl stellen. Daraus Kugeln formen und evtl. in Kakao wälzen.

Kokosbusserl

Dieses Rezept stammt von einer routinierten Weihnachtsbäckerin. Sie hat in jungen Jahren Jahr für Jahr zwanzig Sorten Kekse gebacken. Ihr Tipp: Die Kokosbusserl sollen innen schön weich sein.

ZUTATEN

5 Eiklar
50 g Kristallzucker
200 g Staubzucker
250 g Kokosflocken
1 EL Mehl
etwas geriebene Zitronenschale

ZUBEREITUNG

Eiklar mit Kristallzucker steif schlagen, Staubzucker, Kokosflocken, Mehl und Zitronenschale unterheben.

Mithilfe eines Teelöffels kleine Busserln auf ein vorbereitetes Blech setzen. Bei 160 °C leicht bräunen lassen.

Spagatkrapfen

Aus der Oststeiermark, wo man „Spagatkrapfen" auf der ersten Silbe betont, stammt dieses Rezept. Der Name erinnert daran, dass der Teig ursprünglich mit Spagat auf einer Hohlform befestigt wurde. Heute verwendet man dafür die Spagatkrapfenzange, die es im Fachhandel zu kaufen gibt. Wer will, kann die Spagatkrapfen auch gefüllt mit Schlagobers und Preiselbeeren servieren.

ZUTATEN

300 g Mehl
100 g Butter
60 g Zucker
3 Eidotter
1/8 l Sauerrahm
etwas geriebene Zitronenschale
1 Prise Salz
Schmalz oder Öl zum Ausbacken
Staubzucker und Zimt vermischt zum Bestreuen

ZUBEREITUNG

Mehl mit Butter abbröseln und mit Zucker, Eidotter, geriebener Zitronenschale, Sauerrahm und Salz rasch vermengen und etwas rasten lassen. Den Teig 2–5 mm dick ausrollen und in ca. 4 × 10 cm große Rechtecke schneiden.

Fett in einer Pfanne auf ca. 170 °C erhitzen. Teigrechtecke auf die Spagatkrapfenzange legen, die Zange schließen und den Teig im heißen Fett goldgelb ausbacken. Er soll relativ hell bleiben! Herausnehmen, abtropfen lassen und die noch warmen, bogenförmigen Krapfen mit der Zucker-Zimt-Mischung bestreuen.

Hausfreunde

Hausfreunde fehlten früher auf keinem gut sortierten Keksteller. Dieses Rezept findet sich im handgeschriebenen Kochbuch einer 1929 geborenen, erfahrenen Keksbäckerin.

ZUTATEN

3 Eier
200 g Zucker
1 Päckchen Vanillezucker
370 g Mehl
1 Päckchen Backpulver
150 g Haselnüsse, gehackt (oder andere Nüsse)
150 g Rosinen

ZUBEREITUNG

Eier mit Zucker und Vanillezucker schaumig rühren. Dann das mit Backpulver vermischte Mehl und die restlichen Zutaten beimengen. Die Masse ca. 1 cm dick auf ein vorbereitetes Backblech streichen und bei 160 °C hellbraun backen.

Noch warm in die für Hausfreunde typischen Schnittchen von 5 × 1 cm schneiden.

Pariser Stangerl

Aus einem alten, handgeschriebenen Familienkochbuch mit vielen Mehlspeisen stammt dieses Rezept. Pariser Stangerl sind heute etwas aus der Mode – jedoch zu Unrecht. Sie schmecken hervorragend, und außerdem hat der Teig eine Besonderheit: Er kommt ganz ohne Mehl aus.

ZUTATEN

150 g Haselnüsse, gerieben
150 g Staubzucker
1 Ei

Für die Glasur
Saft einer halben Zitrone
und so viel Staubzucker wie nötig
(ca. 150–200 g)

ZUBEREITUNG

Haselnüsse, Staubzucker und Ei zu einem Teig mischen und ca. 5 mm dick auswalken. Nun fingerlange und daumenbreite Stangerln (1 × 5 cm) schneiden und auf ein vorbereitetes Backblech legen.

Zitronensaft und Staubzucker in einer Schüssel zu einer dickeren streichfähigen Masse verrühren und auf den Schnittchen verteilen. Bei schwacher Hitze langsam backen.

Anisbögen

Anisbögen sind der Inbegriff von feinem Gebäck. So simpel die Zutaten und einfach die Zubereitung erscheinen, so schwierig ist es, den perfekten Anisbogen zu backen: nicht zu groß, nicht zu trocken und schön gebogen.

ZUTATEN

4 Eier
200 g Kristallzucker
100 g Mehl
10 g Anis

ZUBEREITUNG

Eier und Zucker schaumig rühren, Mehl sehr gut unterrühren. Auf einem vorbereiteten Blech kleine Häufchen formen und dünn ausstreichen. Genügend Abstand halten, da die Masse beim Backen ein wenig auseinanderrinnt. Mit Anis bestreuen und hellgelb backen.

Wenn die Bögen beginnen, sich am Rand hellbraun zu färben, sofort aus dem Backrohr nehmen. Die Scheiben vom Blech lösen und noch heiß über einem Kochlöffelstiel zu Bögen formen.

Der Weihnachtsputz

„**Im ganzen Haus** wurde gewaschen und gescheuert, selbst in die Stube kamen die Mägde mit ihren Wasserkübeln und Strohwischern und Besen herein. Ich freute mich immer sehr auf dieses Waschen, weil ich es gern hatte, wie alles drunter- und drübergekehrt wurde und weil die Heiligenbilder im Tischwinkel, die braune Schwarzwälderuhr und andere Dinge, die ich sonst immer nur von der Höhe zu sehen bekam, herabgenommen wurden." Peter Rosegger beschreibt hier das große Saubermachen vor Weihnachten, das einst zum Advent dazugehörte wie heute Adventkranz und Christkindlmarkt.

In der letzten Adventwoche waren stets ein paar Tage nur fürs Putzen reserviert, meistens kurz vor dem 21. Dezember, dem Thomastag. An diesem Tag, zur Wintersonnenwende, wollte man mit dem Großputz fertig sein. Schließlich waren es nur mehr drei Tage bis Weihnachten, da hatte man anderes zu tun, zum Beispiel Kekse backen.

Was den Weihnachtsputz anno dazumal von jenem heutzutage unterscheidet, ist die Gründlichkeit. Jeder, wirklich jeder Winkel des Hauses wurde gereinigt. Das ganze Haus mit allem, was sich darin befand, wurde komplett „übergedreht". Jede Küchenlade wurde herausgenommen und innen und außen gereinigt. Alle Kästen und Truhen wurden ausgeräumt und an allen Seiten feucht abgewischt. Jedes Möbelstück, mehr noch, fast jeder Gegenstand im Haus wurde einer gründlichen Reinigung unterzogen. Die Tochter eines passionierten Jägers erinnert sich: „Die Wände unseres Jagdzimmers waren über und über voller Geweihe. Jedes einzelne wurde herabgenommen und abgewaschen. Das war der Weihnachtsputzwahnsinn!"

Dazu kam, dass in vielen Häusern in den Innenräumen die Wände mit Holz verkleidet waren. Das „Wändewaschen" war ein ganz wichtiger Punkt der großen Putzaktion. Farbige Wände, wie etwa das grün gestrichene Holz des oben genannten Jagdzimmers, wurden „nur" abgewaschen. Naturbelassene Holzwände, wie man sie in zahlreichen Bauernhäusern vorfand, wurden hingegen mit Lauge und Bürste gerieben. Dazu verwendete man entweder Aschenlauge oder Natronlauge. Aschenlauge entsteht, wenn man Holzasche mit heißem Wasser übergießt. Diese Lauge hat alkalische Eigenschaften und ist ein uraltes Mittel, das bei der Wäsche und bei der Bodenreinigung eingesetzt wurde. Um einiges stärker war die Wirkung der Natronlauge. Sie wurde bei der Seifenherstellung gebraucht, die früher in vielen Häusern üblich war. Diese ätzende und scharfe Lauge wurde verdünnt auch dazu verwendet, jede Art von Holz im Haus zu reinigen: Holzwände, Holzböden, Holzbänke, Holztische und Arbeitsgeräte aus Holz.

Der Effekt war, dass nun das ganze Haus innen viel heller geworden war. Gerade bei unbehandeltem Holz bewirkt eine Reinigung mit Bürste und Lauge eine starke Aufhellung. „Das war eigentlich das Schönste, dass das Haus auf einmal vor Sauberkeit gestrahlt und so gut gerochen hat!"

10.000 Dinge besitzt heute der durchschnittliche Mitteleuropäer. Diese Gegenstände stehen auf Regalen, hängen in unseren Schränken, vermüllen so manche Schublade oder liegen einfach irgendwo herum. Unzählige Elektrogeräte, eine Menge an Möbeln und Dekoration, viel zu viel Spielzeug und Kleidung und überhaupt Unmengen an Dingen, die ständig wieder weggeräumt werden müssen. Wir haben schon Probleme, all diese Sachen zu verstauen und einigermaßen in Ordnung zu halten – wollten wir unser Haus einer Grundreinigung so wie früher unterziehen, wäre das ein fast undurchführbares Unternehmen.

Es ist noch gar nicht besonders lange her, da waren unsere Häuser und Wohnungen noch nicht mit unzähligen Dingen vollgeräumt. Ich bat vor ein paar Jahren eine ältere Frau um eine Schätzung, wie viele persönliche Gegenstände sie als junge Person wohl besessen hatte. Sie überlegte ein wenig und meinte schließlich: „Vielleicht dreißig, vierzig Sachen." Damit meinte sie Gewand, Toiletteartikel, ein oder zwei Bücher und ein paar Erinnerungsgegenstände. Es gab viel weniger Möbel, nur das Nötigste an Haushaltsgeräten und an Geschirr, wenige Kleidungsstücke und sehr wenig Spielzeug für die Kinder. Es war damals tatsächlich möglich, ein ganzes Haus in nur wenigen Tagen wirklich gründlich zu reinigen.

Beim Weihnachtsputz ging man strategisch vor. Alle verfügbaren Arbeitskräfte waren im Einsatz. Zuerst wurden die Möbel innen und außen gereinigt und dann wurden die Holzböden, beginnend im Obergeschoß, über die Stiegen nach unten geschrubbt. Alle Holzwände wurden abgewaschen, ebenso die Türen und die Fensterrahmen. Auch wenn es kalt und eisig war, wurden trotzdem die Fenster innen und außen geputzt. Im Stall wurden die Wände neu geweißt und sogar das Vieh wurde sauber gemacht.

Peter Rosegger, der vorhin zitiert wurde, hat den Weihnachtsputz am elterlichen Bauernhof als Kind erlebt. Nicht allzu weit weg von der Waldheimat, im oststeirischen Gasen, lebt die Mundartdichterein Berta Schweiger, die weiß, wie es wirklich in den Bergbauernhöfen zugegangen ist. Sie erinnert sich an die Zeiten, als noch Stubenküken im Wohnraum lebten und Männer beim Ausspucken des Kautabaks nicht zimperlich waren, im folgenden Gedicht:

Die Stubnwound ogriebn und Heahbiarn zsoumkiaht,
mit Aschenlaugn gründli in Fletz aussigribn
is a kniarande Orbeit, hättn's wais dabei gspiebn.
Da Heahdreck und Gspiazla von Motschga, oh mei –
Do brauchst an Ruasteßl, sist bringst den nit schei.

Soll heißen:
Die Stubenwand abgerieben und Hühnermist zusammengekehrt, mit Aschenlauge den Vorhausboden gerieben ist eine knieende Arbeit, dabei hätten sie fast gespieben.
Der Hühnerdreck und die Spucke vom Kautabak, oh mei –
Da brauchst einen Rübenstessl, sonst bringst du das nicht schön.

War das Haus endlich sauber, wurden ein paar Tage später auch die Bewohner gründlich gereinigt. Sie nahmen am Nachmittag des Heiligen Abends ihr „Weihnachtsbad". Bevor es in den Häusern Badezimmer gab, wurde in der Küche ein hölzernes Schaff oder eine Blechwanne mit heißem Wasser gefüllt, wo nach und nach alle, zuerst die Kinder, dann die Erwachsenen, ihr Bad nahmen. Natürlich wurde das Wasser auch gewechselt, allerdings nicht nach jeder Person, denn das Wasser musste damals mühsam in einem Kessel am Herd erhitzt werden. Danach allerdings war wohl jede Mühe vergessen und Mensch und Haus waren geputzt, gewaschen und gestriegelt für die Weihnachtsfeiertage.

Tipp

Der Advent ist die richtige Zeit, um sich zu besinnen: Wie viel brauchen wir wirklich? Ist es Zeit, sich von manchem Überflüssigen zu trennen?

Wie Bratwürstel und Karpfen zum Weihnachtsessen wurden

Die Tradition am Heiligen Abend will es, dass das Essen nach der Bescherung immer klassisch gleich bleibt. Während die einen am 24. Dezember den Weihnachtskarpfen auftischen, die anderen eine gebratene Gans, kommt bei vielen Österreichern an diesem Tag nur eine Speise infrage: Bratwürste, meistens mit Sauerkraut und Erdäpfeln.

Warum Würstel? Warum nichts „Besseres"? Manche meinen, es liegt daran, dass der Heilige Abend eigentlich ein Fasttag ist und somit ein aufwendiges Abendessen nicht angebracht wäre. Das stimmt so nicht, denn erstens sind Würste kein Fastenessen und zweitens waren frische Würste lange Zeit tatsächlich ein „besseres" Essen! Eine solche Spezialität gab es am Land nur wenige Male im Jahr. Nämlich dann, wenn geschlachtet wurde, also praktisch zwei Mal im Jahr, zu Ostern und zu Weihnachten. Nur dann gab es frisches Fleisch und frische Wurstwaren. Das restliche Jahr kam – ohne Kühlschrank – nur Geselchtes und Geräuchertes auf den Tisch.

Genau genommen galt der ganze Advent, einschließlich des Heiligen Abends, als Fastenzeit und das Fastenbrechen hätte genau genommen erst am Christtag stattfinden dürfen. Daher kommt der Brauch der „Mettenjause", bei der erst nach Mitternacht gejausnet wurde; also dann, wenn Würste endlich wieder erlaubt waren. Diese sogenannten Mettenwürsteln waren oft Bratwürste mit Sauerkraut, manchmal auch Selchwurst, Leberwurst oder Blutwurst. Auch die Salzburger Mettenwürstelsuppe, eine Rindsuppe mit Nudeln und Weißwürsten oder Frankfurtern, durfte früher erst nach der Mitternachtsmette gegessen werden. Heute wird die Suppe in Salzburg schon vor der Bescherung serviert und leitet somit das Weihnachtsfest ein.

Als der Heilige Abend als Fasttag seine Bedeutung verlor, verlagerte sich auch der Mettenwürstel-Brauch zeitlich nach vorne. So kommt es, dass in einigen Bundesländern das Heilig-Abend-

Essen Würstel sind. Die Speise selbst entstand aus der Notwendigkeit heraus, ein ganzes Schwein, das gerade geschlachtet worden war, möglichst schnell zu verarbeiten. So gesehen hätten auch Leberknödel, saure Nieren oder Beuschel zur traditionellen Weihnachtsspeise werden können – das Rennen haben aber die Würstel gemacht.

Alle heiligen Zeiten wurde geschlachtet und das war durchaus eine wichtige Sache. Der Sau, die als Weihnachtsschwein ausersehen war, wurde schon Monate vorher größte Fürsorge zuteil. Bereits in den Sommermonaten wurde alles getan, damit das Tier an Gewicht zulegte und sich eine ordentliche Speckschicht anfraß. Die Bäuerin mähte extrafeines Futter, Saugras und Klee und holte dazu noch die „Plotschn", die Blätter von den Rüben. Daraus und aus anderen Zutaten wie Erdäpfeln, Rüben, Gerstenschrot, Türkenmehl, Hafermehl oder Weizenkleie wurde in einem großen Kessel täglich frisch das Saufutter gekocht. Das Fleisch und auch der Speck dieser Schweine, die mindestens ein Jahr langsam wachsen durften, soll unvergleichlich gut geschmeckt haben.

Der Schlachttag wurde herbeigesehnt wie ein Festtag. Er sicherte nicht nur die Weihnachtsbratwürstel, sondern auch den Schweinsbraten vom Christtag und all die Beuschelsuppen und Innereien der folgenden Tage. Auch die Tiroler Fleischknödel aus „Greafleisch", also aus „grünem", frischem Fleisch sind ursprünglich ein typisches Weihnachtsessen.

Wir sprechen hier, man muss es extra betonen, von Hausschlachtungen und diese waren gewiss nichts für zarte Gemüter. Wenn Peter Rosegger in seiner Erzählung *Einer Weihnacht Lust und Gefahr* recht drastisch so eine Schlachtung beschreibt, dann wollte er seine Leser gewiss nicht verschrecken. Er beschreibt einfach die Vorweihnachtszeit, so, wie er sie als Kind erlebt hat und dazu gehörte eben auch das „Sauabstechen", das „ohrenzerreißende Schreien" der Sau, wenn sie aus dem Stall gezogen wird, das Blut, das von einer Magd in einem Topf für die Blutwürste und das Bluttommerl aufgefangen wird und der Vater, der mit einem großen Messer die Haut abtrennt.

Der Karpfen in der Badewanne. Hier passt es vielleicht, uns daran zu erinnern, dass vor noch gar nicht langer Zeit der Weihnachtskarpfen in den Badewannen vieler Familien seine letzten Stunden verbrachte, bevor er mit einem gezielten Genickschlag getötet wurde. In der Wanne wurde er deshalb gehalten, weil der dumpfe Moorgeschmack verschwand, wenn sich das Tier einige Zeit in klarem Wasser aufhält.

Der Karpfen wurde lebend gekauft und in diesem Zustand nach Hause transportiert. In einer obersteirischen Familie war dies die Aufgabe der halbwüchsigen Tochter. Sie pflegte am Morgen des Heiligen Abends mit dem Bus in die Stadt zu fahren, um dort im Fischgeschäft einen Karpfen zu besorgen. Diese schwammen in einem großen Bassin, das Mädchen nannte das gewünschte Gewicht, der passende Fisch wurde herausgenommen und eingepackt. Genau hier lag das Problem. Die Verpackung war nämlich nur ein größeres Plastiksackerl mit ein bisschen Wasser darin. Der arme Fisch wurde auf diese Art im Bus transportiert und zog natürlich alle Blicke auf sich. Es waren andere Zeiten, die heute 80-jährige Frau erinnert sich: „Der Fisch war mehr als einen halben Meter lang und hat ordentlich ausgeschlagen. Na, da haben die Leute im Bus etwas zu schauen gehabt."

Im Haus kam der Karpfen für ein paar Stunden in die Badewanne, bevor die Mutter ihm mit dem Nudelwalker einen Genickschlag verpasste. Danach folgte viel Arbeit. Der große Fisch musste geschuppt und ausgenommen werden. Dabei musste man fachgerecht vorgehen und aufpassen, dass die Galle nicht verletzt wurde, sonst wäre der ganze Karpfen ungenießbar geworden.

Der Fisch wurde ganz und gar vom Kopf bis zur Schwanzflosse verwendet. Für die in dieser Familie übliche serbische Fischsuppe wurde ein Fond aus Kopf und Karkasse hergestellt und die Innereien als Einlage verwendet. Die Filets wurden gebacken und mit Mayonnaisesalat serviert. Jetzt musste nur noch die Großmutter überredet werden, ihr strenges Fasten, das sie jeden 24. Dezember abhielt, aufzugeben. Seit ihrer Kindheit war sie gewöhnt, am Heiligen Abend bis Mitternacht wenig und sehr einfach zu essen. „Wenn dann der Karpfen fertig war, hat sie sich doch noch jedes Jahr überreden lassen, das Fasten etwas lockerer zu nehmen und sie hat mit uns gegessen."

Fisch ist an sich ein ausgewiesenes Fastenessen und hat aus diesem Grund auch seinen Weg auf unseren Weihnachtstisch gefunden. Der Karpfen am Heiligen Abend ist aber ein besonderes und aufwendiges Essen und somit dem festlichen Anlass angepasst. Der Weihnachtskarpfen war früher eine gute Möglichkeit, um fein zu essen und doch das Fastengebot nicht zu verletzen.

Der Brief an das Christkind

An das Christkind, Postamt Christkindl, Österreich. Der Ortsteil Christkindl in Steyr eröffnet jedes Jahr am Freitag vor dem ersten Adventsonntag sein Sonderpostamt. Persönliche Briefe von Kindern an das Christkind sind hier allerdings schon lange in der Minderzahl. Der Großteil der etwa zwei Millionen Briefe stammt heute von Firmen und Unternehmen, die für ihre Kunden originelle Weihnachtswünsche wollen, versehen mit dem Poststempel „Christkindl".

Der Glaube an das Christkind scheint gehörig ins Trudeln geraten zu sein, so sehr, dass sogar ein Verein zu seiner Unterstützung gegründet wurde. „Pro Christkind" gibt sich kämpferisch: „Bei uns kommt das Christkind und nicht der in der Werbung überall vorkommende Weihnachtsmann. Den brauchen wir nicht!"

Der Weihnachtsmann spielte vor einigen Jahrzehnten tatsächlich noch gar keine Rolle. Für viele Kinder wurde der Glaube an das engelsgleiche Christkind von den Eltern regelrecht inszeniert. Ein wesentlicher Bestandteil dabei war der Brief mit den Wünschen an das Christkind. Er wurde rechtzeitig vor Weihnachten verfasst und dann auf die Fensterbank gelegt. Das Christkind hatte ja Flügel und würde im Advent irgendwann vorbeifliegen und die Briefe einsammeln. Wann das sein würde, wusste man nicht. Deshalb wurde jeden Tag gespannt nachgeschaut, ob er wohl schon weg war. Es gehörte zum Ritual dazu, dass der Brief nicht sofort „geholt" wurde. „Wir waren oft ganz traurig, wenn der Wunschzettel auch am dritten Tag noch am Fensterbankl gelegen ist. Und dann war er plötzlich weg!"

Wenn das Christkind dann endlich da gewesen ist, konnte es sein, dass es ein paar Engelshaare oder auch Lamettafäden verloren hatte, die nun statt des Briefs auf der Fensterbank lagen. Manchmal tauchten auch geheimnisvolle kleine Geschenke auf. Eine ältere Dame erinnert sich: „In den Tagen vor Weihnachten haben die Engerln, die dem Christkind geholfen haben, bei uns kleine Packerln abgeworfen. Immer, wenn die Mama vom Hof hereingekommen ist, hat sie eines mitgebracht." In diesen winzig kleinen Päckchen waren Naschereien, manchmal ein Zuckerl, ein anderes Mal ein Stück Schokolade. Es hieß, die Engeln helfen dem Christkind dabei, die Christbäume aufzuputzen und würden dabei in der Eile, wenn sie über die Häuser fliegen, Süßigkeiten verlieren. „Schau, hat die Mama dann gesagt. Da ist schon wieder ein Packerl vom Christkind im Schnee gelegen!"

Zu sehen war das Christkind allerdings nie, auch nicht am Heiligen Abend. In den Stunden vor der Bescherung hielten die Kinder Ausschau, ob es nicht vielleicht am Fenster vorbeifliegt – denn immerhin würde es die Geschenke bringen. Dieser Glaube an das Christkind wird heute von manchen vehement gegen den Einfluss von Santa Claus verteidigt. Dabei liegt auch sein Ursprung in einer Art Kulturkampf, zwar unter anderen Vorzeichen, aber mit ähnlichen Hauptdarstellern, nämlich Christkind gegen Nikolaus.

Das Christkind ist eine Erfindung von Martin Luther. Damals brachte der heilige Nikolaus den Kindern am 6. Dezember Geschenke. Luther wollte ein Gegengewicht zur Heiligenverehrung und zum katholischen Nikolaus-Brauch setzen und verlegte die Bescherung auf Weihnachten. 1531 soll Luther am Weihnachtstag, dem 25. Dezember, seine Familie im Namen des „Heiligen Christ" beschenkt haben. Mit der Zeit verschwamm allerdings die Verbindung zu Jesus Christus zusehends und die Figur des Christkinds verselbstständigte sich schnell.

Schon zu Luthers Zeiten stellte man sich unter dem Christkind ein Mädchen oder eine junge Frau mit Engelsflügeln vor. Es hat seinen Ursprung in den Engeln oder engelsähnlichen Gestalten von Krippenspielen. Dieses Christkind übernahm nun nach und nach die Funktion als Gabenbringer, die vorher der Nikolaus innegehabt hatte. Es kommt zwar zu Weihnachten statt am Nikolaustag, aber heimlich in der Nacht, so, wie es ursprünglich auch der Nikolaus getan hatte. Anfangs fand die Bescherung durch das Christkind deshalb auch nicht am Abend des 24. Dezembers statt, sondern erst am nächsten Morgen.

Der evangelische Brauch des Christkinds konnte sich in den katholischen Ländern lange nicht richtig durchsetzen.

Gemeinsam wird hier ein Brief an das Christkind verfasst.

Erst Anfang des 20. Jahrhunderts verbreitete er sich mit dem ebenfalls evangelischen Adventkranz auch in Süddeutschland und in Österreich. Gleichzeitig verlor das Christkind in den protestantischen Gebieten an Bedeutung und wurde dort schließlich vom Weihnachtsmann verdrängt.

Rein äußerlich fallen sofort die Ähnlichkeiten des Weihnachtsmanns mit dem dienstälteren Nikolaus auf – und das nicht ohne Grund. Auch er geht auf die Tradition des Nikolaus zurück und ist keine Erfindung der Amerikaner und erst recht nicht von Coca-Cola. Die Getränkefirma prägte nur das Bild, das wir heute von Santa Claus haben, als sie 1931 die Figur des Weihnachtsmannes in roter Kleidung und weißem Pelz für ihre Werbekampagne zu nützen begann. Zu jener Zeit war der Weihnachtsmann in Deutschland, vor allem im Norden mit seiner vorwiegend evangelischen Bevölkerung, längst etabliert. Den Text für das Lied „Morgen kommt der Weihnachtsmann“ hat Hoffmann von Fallersleben schon 1840, also lange vor dem Siegeszug des Santa Claus, verfasst.

Christkind im Schlitten. Eine Besonderheit existierte in Teilen Oberösterreichs und Bayerns. Hier brachte das „Goldene Rössl“ die Geschenke. Man stellte sich darunter ein goldenes Pferd mit goldenen Flügeln vor, das einen Schlitten zog. Das Rössl flog nachts über die Dächer und warf Äpfel, Nüsse, Süßigkeiten und Geschenke für die Kinder ab, ohne dabei seine Fahrt zu unterbrechen. Im Lauf der Zeit verschmolz die Idee des Goldenen Rössls mit der Figur des Christkinds und man dachte sich, dass das Christkind auf dem Pferd reitet oder den Schlitten lenkt. Eine Frau, die in ihrer Kindheit noch an das Goldene Rössl geglaubt hat, erinnert sich: „Zu den Kindern hat man gesagt: ‚Seid's ruhig, damit ihr das Glöckl vom Goldenen Rössl hört!‘ Während die Mutter in der Stube den Christbaum aufgeputzt hat, haben sie uns abgelenkt: ‚Schau beim Fenster raus, da fliegt das Goldene Rössl!‘“

Ob Christkind oder Rössl, all diese Gabenbringer „funktionierten“ nur, wenn die Eltern es sich leisten konnten. Eine Kärntnerin, die Tochter eines armen Taglöhners, erinnert sich, dass ihre Eltern nie vom Christkind erzählt haben und sie auch zu Weihnachten nur äußerst selten etwas bekommen hat. Doch dann berichteten ihr in der Schule andere Kinder von ihrem Glauben an das Christkind und davon, dass man ihm eine Wunschliste schreiben könne. Das fand dieses Mädchen faszinierend und beschloss, dem Christkind auch einen Brief zu schreiben. Darin bat sie nur um eine Sache, ihren größten Wunsch, um eine Rolle Milka-Schokolade. Dann versteckte sie den Brief und wartete ab. Aber so oft sie auch nachschaute, er war immer noch da. Nun war für sie klar, die Sache mit dem Christkind ist erfunden und erlogen. Sofort erzählte sie ihren Schulfreunden von ihrer neuen Erkenntnis. Diese Kinder aus herrschaftlichem Haus berichteten ihrer Köchin davon. Die stellte nun das Mädchen zur Rede und drohte: „Wenn du noch einmal sagst, dass es kein Christkind gibt, dann bekommst du eine Watsch'n von mir!"

Doch bei Weitem nicht alle Eltern förderten den Glauben an das Christkind. Viele hielten es so wie eine Familie aus dem Mühlviertel: „Wir Kinder haben von klein auf gewusst, dass das Christkind nicht die Geschenke bringt. Die Mutter hat allweil gesagt: Schließlich gibt uns alles der Herrgott! Es ist sein Geburtstag, er hat für uns sein Leben gegeben und darum feiern wir." Gerade Familien, in denen der christliche Glaube eine besondere Rolle spielte, verzichteten oft auf den Glauben an das Christkind. In einem Mehrparteienhaus begegnete eine solche Familie einer gutmeinenden Nachbarin, die das Mädchen in den Tagen nach Weihnachten fragte: „Und, was hat dir das Christkind gebracht?" Worauf sich das Kind an die Mutter wandte und sich laut wunderte: „Mama, die Frau glaubt noch an das Christkind!"

Weihnachtsgeschichte: Als ich Christtagsfreude holen ging

Nach Peter Rosegger

Am frühen Morgen des Heiligen Abends, ich war wohl zwölf Jahre alt, da rüttelte mich der Vater an der Schulter und sagte, ich solle aufwachen. „Peter", sagte er, „jetzt hör, was ich dir sage. Da, nimm meinen Stecken, denn es ist viel Schnee und da, nimm eine Laterne, denn der Weg ist schlecht und die Stege vereist. Geh hinunter nach Langenwang zum Holzhändler Spreitzegger, der ist mir noch zwei Gulden und sechsunddreißig Kreuzer schuldig. Mit dem Geld gehst nachher zum Kaufmann Doppelreiter und kaufst zwei Maßel Semmelmehl und zwei Pfund Rindsschmalz und um zwei Groschen Salz."

Jetzt war auch schon meine Mutter da und sagte: „Mit Mehl, Schmalz und Salz allein kann ich kein Christtagsessen richten. Ich brauch noch Germ um einen Groschen, Weinbeerln um fünf Kreuzer, Zucker um fünf Groschen, Safran um zwei Groschen und Neugewürz um zwei Kreuzer. Etliche Semmeln werden auch sein müssen."

„So kaufst es", sagte der Vater ruhig, „und wenn dir das Geld zu wenig wird, so bittest den Herrn Doppelreiter, er möchte die Sachen derweil borgen. Eine Semmel kannst unterwegs selber essen, weil du vor Abend nicht heimkommst."

Der Vater band mir einen Sack um die Mitte, ich nahm Stecken und Laterne und ging hinaus zum Weg, der nur durch wenige Fußspuren im tiefen Schnee ausgetreten war. Ich war noch keine dreihundert Schritte gegangen, da lag ich schon im Schnee und die Laterne, hingeschleudert, war ausgelöscht. Ich suchte mich langsam zusammen und dann schaute ich die wunderschöne Nacht an. Der Schnee fing schon an, weiß zu werden und in der Höhe war helles Sternengefunkel. So stellte ich die Laterne auf die Seite unter einen Strauch und ohne Licht gings nun besser als vorhin.

Ich kam in die Talschlucht hinab, später war ein Berg zu übersteigen und auf dem Pass stieß ich zur Bezirksstraße, die ins Mürztal hinabführte. Nach langer Wanderung ins Tal gekommen, ging ich eine Stunde weiter, bis an der Straße im Nebel ein dunkler Fleck auftauchte, das Dorf Langenwang.

So ging ich dem Haus des Holzhändlers Spreitzegger zu. Gerade als ich daran war, bei der vorderen Tür hineinzugehen, wollte der alte Spreitzegger durch die hintere Tür entwischen. Es wäre ihm gelungen, hätte ich nicht in dem Augenblick gedacht: „Peter, geh lieber zur hinteren Tür hinein, wie es einem Waldbauernbuben geziemt." Und knapp dort trafen wir uns.

„Ah, Bübel, willst dich wärmen gehen", sagt er mit geschmeidiger Stimme. Und wollte davon. „Nein, mir ist nicht kalt", antwortete ich, „aber mein Vater lässt euch schön grüßen und bitten ums Geld". „Ums Geld? Wieso?", fragte er. „Ja richtig, du bist der Waldbauernbub. Bist früh aufgestanden, wenn du schon den weiten Weg kommst. Rast nur ab. Und lass deinen Vater auch schön grüßen. Ich komm eh bald hinauf zu euch, nachher wollen wir schon gleich werden."

Fast verschlug es mir die Rede, stand doch unser ganzes Weihnachtsmahl in Gefahr. Ich sagte: „Bitt wohl von Herzen schön ums Geld. Muss Mehl kaufen und Schmalz und Salz und ich darf nicht heimkommen mit leerem Sack." Er schaute mich starr an. „Du kannst es!", brummte er und zerrte langsam seine große rote Brieftasche hervor, zupfte in den Papieren und zog einen Gulden heraus. „Na, so nimm inzwischen das. In vierzehn Tagen wird dein Vater den Rest kriegen. Heut hab ich nicht mehr."

Den Gulden schob er mir in die Hand, ging davon und ließ mich stehen. Ich aber ging zum Kaufmann Doppelreiter. Dort begehrte ich ruhig und gemessen, als ob nichts wäre, Semmelmehl, Rindsschmalz, Salz, Germ, Weinbeerln, Zucker, Safran und Neugewürz. Der Herr Doppelreiter bediente mich selbst und machte mir alles hübsch in Päckchen und Tütchen zurecht, die er mit Spagat zusammen in ein einziges Paket band und so an den Mehlsack hängte, dass ich das Ding über der Achsel tragen konnte, vorn ein Bündel und hinten ein Bündel.

Dann fragte ich, was das alles zusammen ausmache. „Das macht drei Gulden, fünfzehn Kreuzer." „Ja, ist schon recht", sagte ich hierauf, „da ist derweil ein Gulden und das andere wird mein Vater, der Waldbauer in Alpl, zu Ostern zahlen". Da schaute mich der bedauernswerte Mann an und fragte: „Zu Ostern? In welchem Jahr?" Nun mischte sich die Frau Doppelreiterin drein und sagte: „Lass ihm's nur, Mann. Der Waldbauer hat schon öfters auf Borg genommen und nachher allemal ordentlich bezahlt."

Jetzt fielen mir auch die Semmeln ein, welche meine Mutter noch bestellt hatte. „Kann man da auch fünf Semmeln haben?", fragte ich. „Semmeln kriegt man beim Bäcker", sagte der Kaufmann. Das wusste ich nun, nur hatte ich mein Lebtag nichts davon gehört, dass man ein paar Semmeln auf Borg nimmt. Daher vertraute ich der Kaufmännin meine vollständige Zahlungsunfähigkeit an. Sie gab mir zwei Groschen für Semmeln und als sie beobachtete, wie meine Augen fast unlösbar an den gedörrten Zwetschken hingen, die sie einer alten Frau in den Korb tat, reichte sie mir noch eine Handvoll dieser köstlichen Sache: „Unterwegs zum Naschen."

Nicht lange danach und ich trabte mit meinen Gütern reich und schwer bepackt durch die breite Dorfstraße dahin. Überall in den Häusern wurde gemetzgert, gebacken und gebraten. Ich beneidete die Leute nicht, ich bedauerte sie vielmehr, dass sie nicht ich waren, der, mit so großem Segen beladen, gen Alpl zog. Das wird morgen ein Christtag werden. Denn die Mutter kann's, wenn sie die Sachen hat. Ein Schwein ist ja geschlachtet worden daheim. Das gibt Fleischbrühe mit Semmelbrocken, Speckfleck, Würste, Nierenlümperln, Knödelfleisch mit Kren, dann erst die Krapfen, die Zuckernudeln, das Schmalzkoch mit Weinbeerln und Safran. Die Herrenleut' da in Langenwang haben so was alle Tag, das ist nichts. Aber wir haben es im Jahr einmal und kommen mit unverdorbenem Magen dazu, das ist was!

Und doch dachte ich weniger ans Essen als an das liebe Christkind und sein hochheiliges Fest. Am Abend, wenn ich nach Hause

komme, werde ich aus der Bibel vorlesen. Die Mutter und die Magd Mirzel werden Weihnachtslieder singen und dann, wenn es zehn wird, werden wir uns aufmachen nach St. Kathrein und in die feierliche Christmette gehen. Und am Seitenaltar ist ein Kripperl aufgerichtet mit Ochs und Esel und den Hirten und auf dem Berg die Stadt Bethlehem und darüber die Engel singend: Ehre sei Gott in der Höhe! Diese Gedanken trugen mich anfangs wie Flügel. Doch nach einer Weile musste ich mein Doppelbündel schon einmal wechseln von einer Achsel auf die andere. Mittlerweile war es Mittagszeit geworden. Also beschloss ich, die Semmel recht gemächlich und bedächtig zu genießen und dazwischen manchmal eine gedörrte Zwetschke zu naschen.

Als ich nach der Mahlzeit mein Bündel wieder auflud, war's ein Spaß mit ihm. Flink ging es voran. Als ich aber später in die Bergwälder hinaufkam, dachte ich an den Grabler-Hansel. Das war ein Kohlenführer, der täglich seine Fuhre von Alpl ins Mürztal lieferte. Wenn er auch heute gefahren wäre! Und wenn er jetzt heimwärts mit dem leeren Schlitten des Weges käme und mir das Bündel aufladen könnte! Und am Ende gar mich selber! Dass es so heiß sein kann im Winter! Mitten in Schnee und Eisschollen schwitzen!

Auf einmal roch ich starken Tabakgeruch. Knapp hinter mir, ganz leise auftretend, der grüne Kilian. Der Kilian war früher einige Zeitlang Forstgehilfe in den gewerkschaftlichen Wäldern gewesen. Jetzt war er's nicht mehr, er wohnte mit seiner Familie in einer Hütte drüben in der Fischbacher Gegend und man wusste nicht recht, was er trieb. Nun ging er nach Hause. Er hatte einen Korb auf dem Rücken, an dem er schwer zu tragen schien. Sein Gewand war noch ein jägermäßiges, aber schon sehr abgetragen, und sein schwarzer Vollbart ließ nicht viel von seinem fahlen Gesicht sehen.

Als ich ihn bemerkt hatte, nahm er die Pfeife aus dem Mund, lachte laut und sagte: „Wo schiebst denn hin, Bub?" „Heimzu", meine Antwort. „Was schleppst denn?" „Sachen für den Christtag." „Gute Sachen? Der Tausend sapperment! Wem gehörst du denn zu?" „Dem Waldbauern." „Zum Waldbauern willst gar hinauf? Nach einem solchen Marsch wirst gut schlafen bei der Nacht", sagte der Kilian, mit mir gleichen Schritt haltend. „Heut wird nicht geschlafen bei der Nacht. Heut ist Christnacht." „Was willst denn sonst tun, als schlafen?" „Nach Kathrein in die Metten gehen." „Nach Kathrein? Den weiten Weg?" „Um zehn Uhr abends gehen wir vom Haus fort und um drei Uhr früh sind wir wieder daheim."

Der Kilian biss in sein Pfeifenrohr und sagte: „Na, da gehört viel Christentum dazu. So viel Christentum hab ich nicht, aber das sage ich dir doch: Wenn du dein Bündel in meinen Buckelkorb tun willst, dass ich es dir trage, dann kannst du dich ausrasten." Damit war ich einverstanden. Während mein Bündel in seinen Korb sank, dachte ich: „Der grüne Kilian ist halt doch ein besserer Mensch als man sagt."

So redeten wir eine Zeitlang und gingen des Weges, bis der Abstand zwischen uns immer größer wurde. Bei Wegbiegungen entschwand er mir manchmal ganz aus den Augen, um nachher in größerer Entfernung wieder aufzutauchen. Jetzt wurde mir bang um mein Bündel. Wir kamen doch schon nahe an die Stelle, wo sich der Weg nach Alpl und der Weg nach Fischbach gabelten. Ich begann zu laufen. Angesichts der Gefahr war alle Müdigkeit dahin und ich lief wie ein Hündlein und kam ihm näher. Was sollte ich tun, wenn ich ihn eingeholt hätte? Was, wenn ihm der Wille fehlte, die Sachen herzugeben und mir die Kraft, sie zu nehmen? Die Sachen lasse ich nicht im Stich und sollte ich ihm nachlaufen müssen bis hinter den Fischbacher Wald zu seiner Hütte!

Da holte uns ein Schlittengspann mit zwei Ochsen und einem schwarzen Kohlenführer ein. Der Grabler-Hansel! Mein grüner Kilian wollte schon an dem Gespann vorbeihuschen, da schrie ich von hinten aus Leibeskräften: „Hansel! Hansel! Sei so gut, leg mir meine Christtagssachen auf den Schlitten! Der Kilian hat sie im Korb und er soll sie dir geben!"

Mein Geschrei muss wohl sehr angstvoll gewesen sein, denn der Hansel sprang sofort vom Schlitten und nahm eine tatbereite Haltung an. Als der Kilian merkte, dass ich hier einen Bundesgenossen habe, riss er den Korb vom Rücken und schleuderte das Bündel auf den Schlitten. Er knirschte noch etwas von „Undankbarkeit", dann war er auch schon davon.

Der Hansel und ich, wir setzten uns hübsch nebeneinander auf den Schlitten und ich hielt auf dem Schoß sorgfältig mit beiden Händen die Sachen für den Christtag. So kamen wir endlich nach Alpl. Der Hansel sagte zum Ochsen: „Oha!" Und zu mir: „So!" Die Ochsen verstanden und blieben stehen, ich verstand nicht und blieb sitzen. Aber nicht mehr lange, denn es war ja zum Aussteigen. Der Hansel musste links in den Graben hinein und ich rechts den Berg hinauf.

Als ich mit meiner Last den steilen Berg zu meinem Vaterhaus hinaufstieg, begann es zu dämmern und zu schneien. Zuletzt war ich doch daheim. „Hast alles?", fragte die Mutter am Kochherd mir entgegen. „Alles!" „Brav bist. Und hungrig wirst sein."

Beides ließ ich gelten. Sogleich zog die Mutter mir die klingend hart gefrorenen Schuhe von den Füßen, denn ich wollte, dass sie für den nächtlichen Mettengang frisch eingefettet würden. Dann setzte ich mich in der warmen Stube zum Essen.

Aber siehe, während des Essens geht es zu Ende mit meiner Erinnerung. Als ich wieder zu mir kam, lag ich wohlausgeschlafen in meinem warmen Bett und beim kleinen Fenster schien die Morgensonne des Christtags herein.

Der vierte Advent

Zuckerlpapier, Lametta, Windringe und Strohsterne – alles ist vorbereitet, um den Christbaum „aufzuputzen".

Morgen, Kinder, wird's was geben

Goldenen Sonntag nannte man früher den vierten Advent. Passend dazu wurde der dritte Adventsonntag als Silberner Sonntag bezeichnet. Wer jetzt darin einen tieferen Sinn sucht, wird vermutlich enttäuscht sein. Dies hat weder mit Weihnachtsschmuck noch mit der inneren Vorbereitung auf das Fest zu tun. Es geht hier ganz banal um die Öffnungszeiten der Geschäfte, und mit „golden" und „silber" sind wohl die Erträge der Kaufleute gemeint, die umso üppiger werden, je näher es auf Weihnachten zugeht. Bis 1960 waren diese beiden Sonntage die Haupteinkaufstage für das Weihnachtsgeschäft mit ganztägigen Öffnungszeiten. Ab 1961 wurden die vier Adventsamstage als „lange Einkaufstage" eingeführt, so, wie wir sie heute kennen.

Wer sich die selbst in unserer Zeit immer wieder aufflammenden Diskussionen um Öffnungszeitengesetze vor Augen hält, mag sich fragen, wieso die Geschäfte ausgerechnet an den Sonntagen offen hielten. Das erklärt sich zum Teil aus der damals üblichen Sechs-Tage-Woche. Die Menschen hatten, wenn sie bis Samstagmittag arbeiteten, danach weder Zeit noch Lust zum Einkaufen.

Außerdem gab es besonders am Land noch bis in die 1960er-Jahre eine gewisse Tradition, auch an den Sonntagen ein paar Stunden offen zu halten. In den Dörfern war es nicht nur im Advent üblich, dass die Menschen sonntags nach dem Kirchgang beim Kaufmann einkauften oder bei der örtlichen Raiffeisenbank Geldgeschäfte erledigten.

Es scheint paradox – obwohl die Menschen früher länger arbeiteten und damit weniger Zeit zum Einkaufen hatten, scheinen sie vor Weihnachten weniger „gestresst" gewesen zu sein. Des Rätsels Lösung kann leicht auf Fotos aus jener Zeit entdeckt werden. Betrachtet man die Bilder von den Christbäumen und den darunterliegenden Packerln, sticht ein eklatanter Unterschied zu heute ins Auge: Die Anzahl der Geschenke war bei Weitem geringer.

Auch wohlhabende Familien haben bis in die 1960er- oder 1970er-Jahre weniger geschenkt, als wir es heute meistens tun. War das Vernunft? Bescheidenheit? Wohl eher die Macht der Verhältnisse. Es war die Zeit, bevor der massenhafte Konsum unser Leben bestimmt hat. Einkaufsstraßen im heutigen Ausmaß gab es genauso wenig wie Einkaufszentren oder den Einkauf per Klick im Internet. Die Auswahl an Produkten war viel kleiner als heute und dadurch war es leichter, eine Kaufentscheidung zu treffen. Es gab weniger Billigprodukte und keine Diskonter. Die Sachen hatten ihren Wert und ihren Preis und dementsprechend wurde vergleichsweise weniger konsumiert und weniger eingekauft.

Wer Spielzeug kaufen wollte, musste sich zu einem Spielwarenhändler begeben. Dafür fuhr man in die nächste größere Stadt und suchte das Geschäft seines Vertrauens auf. Eine wichtige Sache in diesen Läden waren die Schaufenster. Viele Wiener erinnern sich noch an die Weihnachtsauslagen des traditionsreichen Spielzeuggeschäfts Kober am Graben: „Da war ein riesengroßer Teddybär, der sich in einer weihnachtlichen Küche bewegt hat. Ich glaube, er hat mit dem Kochlöffel irgendwo umgerührt. Wir sind lange vor dieser Auslage gestanden. Das hat uns sehr gefallen!" Es war die Zeit, in der bewegliche Spielsachen dieser Art die Kinder faszinierten. Ein Highlight waren die Modelleisenbahnanlagen in den Schaufenstern. Die Züge machten an Stationen halt, fuhren in Tunnels ein und aus, Gondeln schwebten bergwärts und die Kinder drückten sich an den Scheiben die Nasen platt, damit nur ja nichts ihren Blicken entging.

Gekauft wurde nicht spontan, sondern mit Plan und Ziel, allein schon aufgrund der meistens beschränkten finanziellen Möglichkeiten und der doch recht hohen, aber angesichts der Qualität angemessenen Preise.

Dann gab es noch die Christkindlmärkte. Dort gab es Weihnachtsschmuck, Krippenfiguren, Lebkuchen, Christbaumbehang, Süßigkeiten und auch Spielzeug – was es damals nicht gab, waren Punschbuden und Glühweinstände. Für einen Wiener

Weihnachten 1964/65 – so war's früher!

Buben gehörte der Christkindlmarkt, 1963 noch in der Kalvarienberggasse, zur Vorweihnachtszeit dazu: „Darauf haben mein Bruder und ich uns immer schon lange gefreut. Es war ein weiter Weg, denn wir sind mit der Mutter zu Fuß dorthin gewandert. Was es da alles gegeben hat! All die Sachen, die wir da gesehen haben!" Diese Kinder einer alleinerziehenden Mutter bekamen am Christkindlmarkt kaum je etwas gekauft. Die Kinder wussten, man war nur dort, um die ganze Pracht zu bestaunen und das eine oder andere dann später auf den Wunschzettel zu setzen.

Kein Shopping-Stress, keine nervige Weihnachtsmusik-Berieselung. Fast wünscht man sich zurück in eine Zeit, die nur wenige Jahrzehnte zurückliegt und die doch viel besinnlicher gewesen zu sein scheint. Aber das Jammern, dass früher alles schöner und besser war, gehört wohl zum Advent und zur Weihnachtszeit dazu: Bereits im Jahr 1816 beklagte sich Erzherzog Johann bitter über seiner Meinung nach unnötige Neuerungen. Er hatte gerade bei seinem Bruder, Erzherzog Karl, den ersten Christbaum gesehen und notierte daraufhin in sein Tagebuch: „In früherer Zeit, als ich klein war, gab es ein Kripperl, sonst aber nichts. Nun ist kein Kripperl mehr. Wir sahen einen Baum mit vielem Zuckerwerk und Lichteln und ein ganzes Zimmer voller Spielereien aller Art, welches in wenigen Wochen zerschlagen, zertreten, verschleppt sein wird und gewiss Tausende Gulden gekostet hat!"

Weniger ist mehr – Weihnachtsdeko anno dazumal. Fest steht, wer kein Freund von überdekorierten Wohnungen ist, der war früher besser dran. Erst kurz vor Weihnachten schmückte man die Wohnung mit nichts anderem als nur ein paar Tannenzweigen.

Das Reisig wurde in kürzere Stücke geschnitten und hinter Bilder und andere Gegenstände gesteckt. Dieser einst weitverbreitete Brauch des Schmückens mit Tannengrün ist in dieser Einfachheit heute – leider – vollkommen vergessen. Die Tradition, seine Wohnung mit immergrünen Zweigen zu schmücken, geht bis ins Mittelalter und noch weiter zurück und war in ganz Europa verbreitet. Dort, wo es keine Nadelbäume gab, wie etwa in England, schmückte man die Häuser mit Misteln oder mit Zweigen von Stechpalmen.

In den Bauernhäusern mit Herrgottswinkel wurde dieser mit ein paar größeren Zweigen und ein bisschen Extraschmuck verziert. Auch dies geschah niemals am Beginn des Advents, sondern immer erst kurz vor Weihnachten. Eine Bäuerin aus dem Salzkammergut erinnert sich: „Als Erstes hat die Mutter das gestickte Altartuch mit den weihnachtlichen Motiven und der Spitze gegen das gewöhnliche Tuch ausgetauscht. Dann hat sie verschiedene Heiligenbilder geholt und verteilt. Die großen oben beim Kruzifix, die kleineren unten. Dorthin kam auch das Kripperl. Alles wurde mit Tannenzweigen geschmückt und als Krönung kamen zwei Rosenstöckerl aus buntem Krepppapier dazu. Die hat meine Mutter einer Hausiererin abgekauft, die mit einem großen Korb von Haus zu Haus gegangen ist."

Wer geschickt war, bastelte noch Papierketten aus Krepppapier, wie man sie heute als Faschingsdekoration verwendet. Diese Girlanden wurden sparsam verwendet. Sie schmückten besondere Plätze wie den Herrgottswinkel oder auch den Christbaum.

Das Ganze nannte sich „Weihnachtsaufputzen" und war schnell erledigt. Manchmal diente das letzte Büschel Reisig auch als Fußabstreifer vor der Tür. Denn dem „Aufputzen" war der „Weihnachtsputz" vorangegangen, bei dem alles gerieben und gereinigt worden war. Nun duftete es in der Wohnung nach Sauberkeit und außerdem nach frischem Tannenreisig – ein Vorgeschmack auf Weihnachten.

Morgen, Kinder, wird's was geben

1.

Morgen, Kinder, wird's was geben,
morgen werden wir uns freun,
welch ein Jubel, welch ein Leben
wird in unserm Hause sein!
Einmal werden wir noch wach,
heißa, dann ist Weihnachtstag!

2.

Wie wird dann die Stube glänzen
von der großen Lichterzahl,
schöner als bei frohen Tänzen
ein geputzter Kronensaal!
Wisst ihr noch vom vor'gen Jahr,
wie's am Weihnachtsabend war?
Freut euch, ihr Christen, freuet euch
sehr! Schon ist nahe der Herr.

Text: Philipp Bartsch (1770–1833)
Melodie nach einer Berliner Volksweise

Dieses Lied gehört zu den nicht religiösen Weihnachtsliedern, die im frühen 19. Jahrhundert unter dem Einfluss der Aufklärung entstanden sind.

Der Inhalt des Weihnachtsfestes und die Geburt Jesu werden im Text nicht erwähnt. Stattdessen steht die Vorfreude der Kinder auf die Bescherung und die Erinnerung an das Fest des Vorjahres im Mittelpunkt.

Äpfel, Nüsse und Lametta

Der Anblick des Christbaums ist jener Moment in der Kindheit, an den man sich ein Leben lang erinnert. Man war schon vor der Bescherung so aufgeregt, dass der Weihnachtsbaum, wenn er dann im Kerzenlicht erstrahlte, in jedem Fall als schön empfunden wurde.

Betrachtet man im Nachhinein die Fotos von damals, dann erscheinen die Bäume aber eher klein und dürftig im Vergleich zu den dicht benadelten Nordmanntannen und Blaufichten aus professioneller Christbaumzucht unserer Tage. An den Bäumen unserer Kindheit wuchsen die Äste selten regelmäßig, kahle Stellen gehörten dazu und wurden stets großzügig von Lametta, Engelshaar und jener Art von Glitzergirlanden bedeckt, die es heute wohl gar nicht mehr zu kaufen gibt.

Der deutsche Humorist Loriot hatte schon recht, wenn er sagte: „Früher war mehr Lametta." Die Rede ist hier von echtem, schwerem Bleilametta mit seinem mattsilbernen Glanz. Für viele nach wie vor das einzig wahre Lametta, nicht zu vergleichen mit den federleichten Kunstofffädchen von heutzutage. Das alte Stanniollametta wurde selbstverständlich jedes Jahr wieder verwendet. Es wurde Streifen für Streifen sorgfältig vom Baum abgenommen und fürs nächste Jahr verwahrt. Das geschah noch nicht unter dem Aspekt der Müllvermeidung, auch nicht aus Gründen des Umweltschutzes, sondern einzig aus Sparsamkeit.

Eine Besonderheit war das sogenannte Kriegslametta, mit dem viele Christbäume der Kriegs- und Nachkriegszeit geschmückt wurden. Tiefflieger der Alliierten warfen damals Stanniolstreifen ab, um die deutsche Luftabwehr zu behindern, da die Silberpapierstreifen die Radarerfassung stören sollten. Eine Oberösterreicherin erinnert sich: „Bei uns auf den Wiesen sind oft ganze Haufen von Lametta gelegen. Wir haben uns immer recht gefreut, wenn wir die Fäden gefunden haben." Sie wurden eingesammelt und dienten dann jahrelang als Christbaumschmuck.

So typisch wie Lametta war auch der alte Weihnachtsschmuck. Kein Christbaum kam ohne ein „Vogerl" aus. Die zarten Geschöpfe aus Glas hingen nicht am Baum wie Kugeln, sondern wurden mit einer Art Klammer an den Zweigen befestigt. Besonders die Kinder suchten so lange, bis sie einen Vogel entdeckten: „Das Vogerl hat wie eine Bachstelze ausgeschaut und hatte einen langen Schweif mit schönen Federn."

Besonders beliebt waren auch Eiszapfen in schimmernden zarten Farben und Tannenzapfen, die immer wie leicht beschneit wirkten. Auch die alten Glaskugeln mit Einbuchtungen, die in allen Farbtönen schimmerten, sogenannte Reflexkugeln, gehörten unbedingt dazu.

Äpfel für den Christbaum sind wohl der ursprünglichste Weihnachtsschmuck. Der 24. Dezember ist zugleich der Namenstag von Adam und Eva und daher wurden an diesem Tag im Mittelalter die „Paradiesspiele" aufgeführt. Dafür wurde ein Baum mit – erraten – Äpfeln behängt.

Besonders auf dem Land war es lange Zeit üblich, den Weihnachtsbaum mit nichts anderem als Äpfeln, Nüssen, Kerzen und vielleicht ein paar selbst gemachten Strohsternen und mit Keksen zu schmücken. Was uns heute sehr bescheiden vorkommt, war nicht unbedingt so gedacht. Kerzen aus echtem Bienenwachs waren lange eine recht teure Anschaffung, außer man züchtete selbst Bienen.

Walnüsse hatte nur, wer einen Nussbaum sein Eigen nannte oder sie im Dorfladen kaufte. Jeder Einkauf war eine Sache, die man sich drei Mal überlegte, da Geld rar war. Bis weit ins 20. Jahrhundert hinein waren die Bauern auf ihren Höfen Selbstversorger mit relativ wenig Bareinnahmen. Gekauft wurde nur das Nötigste und dazu gehörte der Christbaumschmuck ganz gewiss nicht.

Wie kostbar aber auch die Äpfel waren, ist für uns heute schwer vorstellbar. Dazu eine Geschichte aus der Gegend um Hallstatt. Ein Mädchen, die Tochter eines Salinenarbeiters, hatte gewöhnlich als Schuljause ein Stück Brot mit. Das war kein Arme-Leute-Essen, sondern eine normale Zwischenmahlzeit. Im Herbst aber hielten sie und ihre Freundinnen am Schulweg immer Ausschau nach herabgefallenen Äpfeln oder Birnen, denn damit war die Jause perfekt. Ein gutes Schwarzbrot und ein Apfel dazu, was gibt es Besseres?

Frisches Obst war eine seltene Köstlichkeit und fast ausnahmslos nur in der Saison verfügbar. Der Grund war, dass alles verfügbare Obst verarbeitet wurde. Aus Birnen und Äpfeln wurde Most gemacht, aus allem Obst Schnaps gebrannt und gutes Lagerobst war eine Seltenheit. Unter diesen Bedingungen kann man verstehen, dass Äpfel am Christbaum auch für Kinder fast so verlockend waren wie Süßigkeiten.

Man nannte die schönsten rotbackigen Äpfel sogar „Christbaumäpfel" und schon ab Herbst wählte man die makellosesten Exemplare aus und legte sie zur Seite. Diese Äpfel mussten ein bisschen „abliegen", ein paar Wochen gelagert werden, ehe sie dann meist genau zum Nikolaustag so richtig gut schmeckten. So kamen einige ins Nikolaussackerl und die anderen als Schmuck auf den Christbaum.

Zuckerlpapier muss sein! Meist weißes, manchmal auch buntes Seidenpapier, länglich zugeschnitten, mit Fransen an den Enden gehörte für viele zum Weihnachtsbaum-Standardschmuck. An und für sich sollte in diesem Papier ein Schokoladestück oder ein Zuckerl eingewickelt werden. In der Realität befand sich darin aber, vor allem in den Nachkriegsjahren, im besten Fall ein Stück Würfelzucker. Der Vorteil des Zuckerlpapiers, korrekt Bonbonwickelpapier, lag aber auf der Hand: Ein so dekorierter Baum machte schnell was her und sah auch ohne großen finanziellen Aufwand gleich sehr festlich aus.

In vielen Familien wurde Seidenpapier gekauft und daraus in Eigenregie Zuckerlpapier ausgeschnitten. Damit wurde dann genauso verfahren wie mit dem Geschenkpapier: Man musste es vorsichtig auswickeln, glatt streichen und dann zur Wiederverwendung im nächsten Jahr aufheben.

Die Tücke lag im Detail, denn von außen betrachtet konnte man den Inhalt nur erahnen. Dies machten sich die Buben eines Volksschuldirektors zunutze. Der Christbaum im Schulhaus war reich mit Zuckerlpapier geschmückt, in dem sich je ein Stück

Würfelzucker befand. Die Buben wickelten nun ein Papier nach dem anderen auf, aßen den Zucker und ersetzten ihn durch ein kleines Holzstück, das sie als Attrappe an den Baum hängten. Die kleine Schwester, die nur den unteren Bereich des Christbaums erreichte, hatte das Nachsehen. Hinauf gelangte sie nicht und herunten war schon alles aufgegessen.

In ärmeren Familien fanden sich im Wickelpapier aus Geldnot oft nur Holzstücke oder kleine Papierknäuel. Man wollte so zumindest den Baum dekorieren, wenn man sich schon keine Süßigkeiten leisten konnte. Dort, wo es Würfelzucker am Christbaum gab, war dies nicht unbedingt ein zweitklassiger Bonbonersatz, sondern ein echter Leckerbissen. Auch hier gilt es zu verstehen, welche Bedeutung Zucker früher hatte. Noch vor etwa sechzig Jahren war Zucker ein seltenes Genussmittel. Seit damals hat sich der Verbrauch an Zucker weltweit verdreifacht. Besonders im bäuerlichen Bereich war man mit Zucker äußerst sparsam, denn er war eines jener Produkte, die mit den geringen finanziellen Mitteln zugekauft werden mussten. Eine Bauerntochter erinnert sich, dass sie noch in den 1950er-Jahren zum Namenstag als Geschenk ein Stamperl voll Kristallzucker bekommen hat, damals eine seltene Köstlichkeit. In dieser Zeit wurden Speisen nur wenig gesüßt und wenn, dann mit Honig, Obst oder Trockenfrüchten. Zucker wurde in kleinen Mengen offen beim Kaufmann gekauft, als Rieselzucker, oder als – früher sehr gebräuchlicher – Würfelzucker.

Fondantringerl und Windgebäck. Als die Zeiten besser wurden, leistete man sich gekaufte Süßigkeiten. Im Wickelpapier fanden sich nun die legendären *Stollwerck*-Karamellbonbons und am Baum hingen Schokofiguren in Form von Bleistiften, Papageien, Fischen, Märchengestalten, Schaukelpferden oder Fliegenpilzen. Klassiker waren auch die goldenen Schokoladenüsse und das „Betthupferl", eine kleine Süßigkeit in Form eines blau-weiß karierten Polsters mit einem Inhalt aus Nusskrokant auf gefülltem Waffelboden.

Dann gab es noch Patience-Bäckerei in Form von Buchstaben, die leider schon vor Jahren aufgrund mangelnder Nachfrage aus

Ein für die 1960er-Jahre typischer Christbaum
mit viel Lametta und Zuckerlpapier

dem Weihnachtssortiment genommen wurde. Die „Arabesken" aus dunkler Schokolade mit bunten Streuseln darauf gibt es hingegen noch im gut sortierten Fachhandel zu kaufen.

In den 1950er- und 1960er-Jahren scheinen die Fondant- und Geleeringerl Hochsaison gehabt zu haben. Obwohl dieser Baumbehang sehr süß war, hat er Kindern wohl nicht besonders gut geschmeckt. In einer Familie hat es die Mutter gut gemeint und wollte nach der kargen Nachkriegszeit ihre Tochter so richtig verwöhnen. Am Christbaum fanden sich reichlich Fondant-Kringel mit der typischen weichen, süßen Paste unter der Glasur. Das Kind mochte die Ringerln überhaupt nicht, aß sie aber dennoch ihrer Mutter zuliebe. Diese wiederum liebte Fondant, hielt sich aber zurück, um ihrer Tochter nichts wegzuessen.

Ein Muss am Christbaum waren Windringerl, die oft selbst gebacken wurden. Der Unterschied zu gekauftem Windgebäck lag im Inneren: „Die Windringerl von der Mama waren innen noch ein bisschen weich. Das war so gut. Außen knirscht es, wenn man draufbeißt und innen sind sie ganz zart."

Gekrönt wurde jeder Christbaumschmuck durch die strategisch richtige Platzierung der Wunderkerzen, auch Sternwerfer oder Sternspritzer genannt. Sie sollten nicht zu nahe am Lametta und anderem leicht brennbaren Material hängen. Wer auf Nummer sicher gehen wollte, verbannte sie gleich auf den Balkon oder in den Garten. So ersparte man sich auch das anschließende Lüften, um den beißenden Geruch der Wunderkerzen alten Fabrikats wieder loszuwerden.

Der Vater und der Bub mit dem Christbaum in tiefverschneiter Landschaft. Beide sind zünftig gekleidet, kommen gerade aus dem Wald und tragen den Christbaum oder ziehen ihn auf einem Schlitten hinter sich her. Wir sehen das Bild vor uns, so, wie wir es aus der Werbung kennen. Es ist eines jener Weihnachtsbilder, das sich uns tief eingeprägt hat. Aber war es je so? Wohl nicht. Vater oder Großvater gingen in den meisten Fällen ganz allein und heimlich in den Wald. Der geschmückte Christbaum sollte für die Kinder ja eine Überraschung werden.

Wer keinen eigenen Wald hatte, der bat den Nachbarn um Erlaubnis, sich ein Bäumchen holen zu dürfen. Ob aus eigenem oder fremdem Wald, meistens wählte man nicht den höchsten und prächtigsten Baum aus, sondern eher einen „Unterstandler", ein Bäumchen, das ohnedies weg musste, weil es „wild" aufgegangen war. Solche Bäume sahen an heutigen ästhetischen Standards gemessen ziemlich zerzaust aus. Häufig waren sie gerade einen Meter groß und wurden auch aus diesem Grund in den Wohnzimmern gern auf einen Tisch gestellt.

Die Wende kam in den 1980er-Jahren, als die Nordmanntanne ihren Siegeszug antrat und in Christbaum-Plantagen angepflanzt wurde. Sie ist übrigens nicht nach dem hohen Norden benannt, sondern nach ihrem Entdecker, dem Biologen Alexander von Nordmann. Ihre Nadeln sind dicht, nicht stechend und von einem satten Grün, der Stamm ist gerade und die Äste wachsen regelmäßig.

Damit konnten sich die bis dahin bei uns übliche heimische Weißtanne und auch die Fichte nicht messen. Die Nordmanntanne, deren Originalsamen aus Georgien stammt, wurde zu *dem* Christbaum. Sie ist auch der Grund, warum wir die Weihnachtsbäume auf alten Fotos so mickrig finden. Auch wenn in unserer Erinnerung der Baum der eigenen Kindheit immer riesig und wunderschön war ...

So sahen unsere Christbäume aus, bevor die dicht benadelten und regelmäßig gewachsenen Nordmanntannen Einzug hielten. Dieses Foto zeigt den Christbaummarkt am Grazer Opernring im Jahr 1948.

Christbaumschmuck wie früher – selbst gemacht

Wie wär's damit, einen Retro-Christbaum zu schmücken? Alles, was man dazu braucht, ist Lametta, Zuckerlpapier, Windringerl und nostalgischen Christbaumschmuck aus Glas.

Windringerl

Sie schmecken am besten, wenn sie innen noch ein wenig weich sind! Wer es gerne bunt mag, kann ein paar Tropfen Lebensmittelfarbe hinzufügen.

ZUTATEN

3 Eiklar
100 g Feinkristallzucker
100 g Staubzucker, fein gesiebt
1 Prise Salz
bunte Streusel

ZUBEREITUNG

Eiklar mit Zucker und Salz zu steifem Schnee schlagen, Staubzucker einrühren. In einen Spritzsack mit gezackter Tülle füllen und Ringe auf ein vorbereitetes Backblech spritzen. Mit Streuseln garnieren.

Im vorgeheizten Backrohr bei 70–80 °C ca. 2 bis 3 Stunden mehr trocknen als backen, am besten bei leicht geöffneter Ofentür.

Marmelade-Zuckerringerl

In der Familie, die mir dieses Rezept überlassen hat, fehlte diese köstliche Süßigkeit nie am Christbaum. Beim Formen der Figuren kann man seiner Fantasie freien Lauf lassen – das macht besonders Kindern Spaß.

ZUTATEN

Ribiselmarmelade von eher fester Konsistenz
(Menge nach Bedarf)
Staubzucker nach Bedarf

ZUBEREITUNG

Aus Marmelade und so viel Zucker wie nötig einen eher festen Teig zubereiten. Danach schmale Röllchen formen, aus denen man Ringe, Brezel, Zöpfe, Kränze oder beliebige andere Figuren formt. Nun an der Luft an einem wärmeren Ort, etwa in der Nähe eines Heizkörpers, trocknen lassen, bis die Gebilde fest sind. An einem Faden befestigt am Christbaum aufhängen.

Christbaumkekse

Selbst gemachte Kekse gehörten früher in vielen Häusern auf den Christbaum. Es waren einfache, unverzierte Mürbteigkekse, die meist mit einem Stück Wolle an den Zweigen befestigt wurden.

Siehe Rezept „Hauskekse“ oder „Feine Mürbteigkekse“

Lebkuchen-Baumbehang

Die Familie, von der dieses Rezept stammt, pflegte den Lebkuchen, wenn er hart geworden war, für einige Zeit mit Apfelschalen in einer Dose zu verschließen. Danach schmeckt er wieder wunderbar.

ZUTATEN

700 g Weizenmehl (oder 2/3 Weizenmehl und 1/3 Roggenmehl)
1 TL Speisenatron
450 g Staubzucker
150 g Honig
100 g Pflanzenfett
4 Eier
etwas Milch
5–7 gehäufte TL Lebkuchengewürz
etwas Backpulver
1 Zitrone (Abrieb)
1 Orange (Abrieb)
evtl. etwas fein gehackte Aranzini
1 Eiklar, leicht verschlagen, zum Bestreichen
Material zum Verzieren nach Belieben

ZUBEREITUNG

Mehl mit Speisenatron, Backpulver und Zucker gut mischen. Honig und Fett erwärmen und mit den übrigen Zutaten vermengen. Alles gut durchkneten und an einem warmen Platz rasten lassen. Dann dick ausstechen (etwa ½ cm), mit Eiklar bestreichen. Auf ein vorbereitetes Backblech legen und mit einem Draht oder Holzspieß oben mittig ein Loch zum Einfädeln vorstechen. Bei 165–175 °C 10–15 Minuten backen.

Tipp

Ein Christbaum wie zu Roseggers Zeiten braucht nur Äpfel, Bienenwachskerzen – und sonst nichts!

Vergoldete Nüsse

Früher verwendete man Blattgold oder als sparsame Variante Stanniolpapier. Man sammelte Gold- und Silberfolien, die als Einwickelpapier für Konfekt dienten. Dann legte man die feinen Folien um die Nüsse und drückte sie fest an, damit sich die Maserung der Walnüsse schön abzeichnete.

MAN BRAUCHT:

Je zwei zusammenpassende Walnussschalenhälften, Goldfarbe, Klebstoff, Goldfaden zum Aufhängen.

1.

In eine Hälfte der Schale legt man den zu einer Schleife gebundenen Faden.

2.

Man bestreicht den inneren Rand der Nüsse mit Klebstoff und fügt die Nusshälften zusammen.

3.

Nun wird die Nuss mit Goldfarbe bemalt oder besprüht.

4.

Aufgehängt gut trocknen lassen.

Strohsterne

Das Basteln von Strohsternen war eine beliebte Beschäftigung im Advent. Besonders die Kinder verbrachten ganze Nachmittage damit, den Weihnachtsschmuck herzustellen.

MAN BRAUCHT:

3 Strohhalme, Wasser zum Einweichen, Bügeleisen, Schere, Faden oder Zwirn, 1 Stecknadel

1.

Strohhalme für 20 bis 30 Minuten im Wasser einweichen.

2.

Danach die Halme mit der Schere der Länge nach aufschneiden.

3.

Nun die geöffneten Halme bei geringer Hitze glatt bügeln. Je länger man die Halme bügelt, desto dunkler verfärbt sich das Stroh. Auf diese Weise kann man reizvolle Effekte erzielen.

4.

Die gebügelten Halme mittig durchschneiden, also um die Hälfte kürzen.

5.

Nun je drei Stücke sternförmig aufeinander legen. Die Sterne übereinander platzieren und den „Stern" in der Hand mit einer Stecknadel in der Mitte durch alle Lagen hindurch fixieren.

6.

Nun mit dem Faden abwechselnd einmal unter, einmal über einen Halm herumfädeln. Eventuell noch ein Mal wiederholen und die Fadenenden verknoten. Den überstehenden Faden nicht abschneiden, sondern als Aufhänger verwenden. Die Enden der Sternenstrahlen spitz zuschneiden.

Papiergirlande für den Christbaum

Sehr beliebt waren früher Girlanden aus Krepppapier, die den Herrgottswinkel zur Weihnachtszeit schmückten. Warum nicht die Idee aufgreifen und eine Girlande für den Christbaum basteln?

MAN BRAUCHT:
Ca. 1–3 cm breite Streifen aus glänzendem Papier in weihnachtlichen Farben, Schere, Klebstoff

1.
Die Papierstreifen in ca. 8–10 cm lange Abschnitte schneiden.

2.
Einen Abschnitt an den Enden zusammenkleben, sodass ein Ring entsteht.

3.
Den nächsten Ring auf diese Weise in den ersten hineinfügen. Fortfahren, bis eine Kette entsteht.

Christbaumäpfel

Für den Christbaum eignen sich kleine, traditionell rotbackige Äpfel. Sie gelten als Vorläufer der roten Weihnachtskugeln und können von den Kindern vom Baum „abgeerntet" werden. Es gibt verschiedene Möglichkeiten, die Äpfel aufzuhängen. Wenn man beim Kauf auf möglichst lange Stiele geachtet hat, kann man ein Band daran befestigen. Wenn man die Äpfel kreuzweise mit Bast umwickelt und diesen dann zusammenbindet, kann man eine Schlaufe zum Aufhängen anknüpfen.

Der Christbaum, der von der Decke hing – und andere Merkwürdigkeiten

Missgeschicke passieren auch zu Weihnachten und oft stehen sie mit dem Christbaum in ursächlichem Zusammenhang. Schon Helmut Qualtinger und Gerhard Bronner thematisierten diese innere Logik im Dialog *Travnicek und Weihnachten*: „Travnicek, denken Sie an ihre Kindheit. Was pflegten Sie da zu Weihnachten zu kriegen?" „Watschen." „Warum?" „Ich pflegte den Baum anzuzünden." „Absichtlich?" „Naa, es hat sich so ergeben."

Ähnliches trug sich auch in einem Bauernhaus im Mürztal in den 1960er-Jahren zu. Der Christbaum stand dort, wie es lange üblich war, auf einem Tisch. Man dachte, dass er so vor den kleineren Kindern sicher wäre, die, so hatte man es schon erlebt, am Baum zupften und ihn so zu Fall gebracht hatten. Es war allerdings kein kleiner Christbaum, sondern ein Exemplar, das einschließlich Christbaumspitz bis zur Decke reichte, zum Plafond, wie man früher sagte.

Als aber einer der größeren Buben, er war zehn oder elf Jahre alt, allein im Zimmer war, begann er, den Baum nach Süßigkeiten abzusuchen. Da entdeckte er recht weit oben in der Nähe des Baumwipfels einen Eiszapfen aus gesponnenem Zucker. Wenn man da hineinbiss, rann einem der süße Saft, der drinnen war, in den Mund. Ja, den Zuckerzapfen wollte sich der Knabe holen!

Wie in vielen alten Bauernstuben jener Zeit verlief auch in diesem Haus direkt die Wand entlang eine Bank. Der Bub stieg hinauf und merkte, dass dies noch nicht ausreichte, um zum süßen Zapfen zu gelangen. Er entdeckte direkt über sich einen Kleiderhaken, hielt sich daran mit einer Hand fest, zog sich hoch und griff mit der anderen Hand zum Christbaum hinüber. Da löste sich der Haken aus der Wand, das Kind hielt sich weiter am Baum fest und Christbaum samt Kind stürzten und kamen mitten in der Stube zu liegen. Nun war der Bub zwar umgeben von all den herrlichen Zuckerln und Naschsachen, doch nehmen durfte er sie letztlich trotzdem nicht: Zur Strafe bekam er gar nichts von den nun zerbrochenen Süßigkeiten und seine sechs Geschwister dafür alles.

Auch bei einer anderen Geschichte hat das Verhängnis mit Zuckerwerk seinen Anfang genommen. Windringerl und kunstvolle Windbäckerei waren eine echte Festtagsspezialität und schmückte viele Christbäume. Vor allem im städtischen Bereich boten Konditoreien regelrechte kleine Kunstwerke aus Zuckermasse an. Eine damals gerade jung verheiratete Dame kaufte beim Zuckerbäcker für den ersten Christbaum im eigenen Haushalt einige dieser kunstvollen Köstlichkeiten. Sie waren zu schön, um gegessen zu werden. Also wurden die Zuckerfiguren ordentlich verpackt und schmückten im nächsten Jahr noch einmal den Baum. Dann kamen Gäste und eine Freundin bewunderte die Süßigkeiten: „Mein Gott, diese schöne Windbäckerei! Die muss ich kosten!" Noch ehe jemand eingreifen konnte, hatte sie schon eines in der Hand und davon abgebissen. Das Schlimmstmögliche passierte und sie biss sich an der steinharten Bäckerei einen Zahn aus. Die Gastgeberin schaudert noch heute, wenn sie daran denkt: „Das war schrecklich peinlich!"

Der Christbaum, der von der Decke hängt, war die Sensation in einer Wohnsiedlung in Kapfenberg der 1970er-Jahre. Eine Familie hatte ihren Baum doch tatsächlich mit der Spitze an der Zimmerdecke befestigt. Da hing er nun, geschmückt und aufgeputzt, und wurde zum Gesprächsthema in der Nachbarschaft. „Jetzt spinnt der ganz, der hängt den Christbaum an den Plafond", war die einhellige Meinung.

Dabei wollte der Wohnungsbesitzer einfach nur die Familientradition fortführen, so, wie er sie aus seiner Kinderzeit kannte. Er war in einem kleinen Ort auf der Kärntner Seite der Pack aufgewachsen und dort wäre es niemandem in den Sinn gekommen, den Christbaum auf den Boden zu stellen – der Christbaum gehörte seit jeher an die Decke. Anders kannte man es nicht und deshalb musste Weihnachten auch in der neuen Heimat so sein.

In den alten Bauernhäusern wurden Christbäume gar nicht selten an die Decke gehängt. Dieses Bild entstand beim Haselbauern in Froschau im Unteren Mühlviertel.

In Teilen der Steiermark, Oberösterreichs und Kärntens sowie im Burgenland war es noch bis in die Mitte des vorigen Jahrhunderts üblich, den Christbaum an der Stubendecke zu befestigen. Manchmal zeigte der Wipfel nach oben, manchmal aber nach unten. Vielleicht hängt diese Sitte mit der Gewohnheit zusammen, das Haus mit Weihnachtsgrün zu schmücken, wie wir es etwa aus England mit Misteln und Stechpalmen kennen. Vielleicht hat aber auch der ältere Herr recht, der die Sache folgendermaßen erklärt: „Wir haben den Christbaum an die Decke gehängt, damit die Kinder nicht dazukommen und alle Süßigkeiten wegessen." Möglicherweise wurde der Baum aber nur aus Platzmangel an die Decke gehängt. Wenn man an die Beengtheit in den alten Stuben denkt, gar keine schlechte Lösung.

Spätestens zu Lichtmess wurde jeder Baum abgeräumt und als Brennholz entsorgt. Aber nicht der ganze Baum wurde verheizt, den Wipfel mit den oberen Astreihen legte man oft beiseite, um ihn einer besonderen Verwertung zuzuführen. Daraus wurde ein Küchengerät, ein Quirl, gefertigt. Wer so einen Astquirl kennt, weiß, dass er den gekauften Produkten aus Plastik und Metall um nichts nachsteht, im Gegenteil. Und noch einen Vorteil hat der Christbaum-Quirl: Immer, wenn man mit ihm Teig rührt, kann man sich an die Weihnachtszeit erinnern.

Christbaum-Quirl

Seit jeher wurden aus den Ästen, die sternförmig in gleicher Höhe am Stamm von Tannen oder Fichten wachsen, dem sogenannten „Astquirl", Küchengeräte zum Verquirlen von Flüssigkeiten und Teigen hergestellt. Daher leitet sich auch der Name „Quirl" von „Astquirl" ab.

So geht's:
Man kann die Spitze des Christbaums oder natürlich auch den Astquirl eines anderen Nadelbaums nehmen, es sollte jedoch Fichte oder Tanne sein. Man sucht sich eine Stelle aus, an der vier, fünf, am besten sechs Äste in den Stamm münden. Das kann die Spitze sein, jedoch auch ein Stück darunter beim „zweiten Quirl", an der zweiten Verzweigung.
Man schneidet das Stück ab und entrindet es sorgfältig.
Jetzt legt man den Quirl für einige Zeit ins Wasser, damit er geschmeidig wird. Nun bindet man die Äste mit einer Schnur zusammen und wartet, bis das Holz wieder trocken ist. Wenn man jetzt die Schnur löst, sind die Äste etwas näher zum Stamm geneigt und haben die richtige Form. Nun schneidet man die Länge der Äste zurecht. Fertig!

Tipp
Es ist schade, den Weihnachtsbaum einfach zu verbrennen oder zu entsorgen. Aus der Wipfelspitze läßt sich ein Quirl basteln!

Weihnachtsgeschichte: Der erste Christbaum in der Waldheimat

Nach Peter Rosegger

Es waren die ersten Weihnachtsferien meiner Studentenzeit. Wochenlang hatte ich schon die Tage und Stunden gezählt bis zum Morgen der Heimfahrt von Graz ins Alpl. Als der Tag kam, stürmte und schneite es, sodass mein Eisenbahnzug stecken blieb und ich schon ein paar Stationen vor Krieglach aussteigen musste. Ich ging sechs Stunden durchs Tal und durch den Bergwald hinauf, bis ich endlich, als es schon dämmerte, in das Waldbauernhaus eintrat.

Die Stube war klein, niedrig und dunkel und auf dem offenen Steinherd brannte Feuer. Die Mutter sah mich und zündete eine Kerze an. „Mutter, nicht", rief ich, „nicht die kostbare Kerze! Nimm doch ein Spanlicht!" Aber die Mutter ließ sich's nicht ausreden. Wenn der Sohn heimkommt, ist Feiertag. Darum die festlichere Kerze.

Als sich meine Augen an das Halbdunkel gewöhnt hatten, sah ich den Nickerl, das achtjährige Brüderl. Er war der Jüngste und Letzte. Den Finger im Mund stand er da und schaute mich ganz verwundert an. Er hat mich halt doch lange Zeit nicht gesehen und da wird einem sogar der große Bruder ein bisschen fremd.

Am nächsten Tag gleich in der Früh fasste ich einen Plan. Ich hatte viel davon gehört, wie man in den Städten Weihnachten feiert. Da sollen sie ein Fichtenbäumchen, ein wirkliches Bäumchen aus dem Wald auf den Tisch stellen, an seinen Zweigen Kerzen befestigen, sie anzünden, darunter sogar Geschenke für die Kinder hinlegen und sagen, das Christkind hätte sie gebracht. Und nun hatte ich vor, meinem kleinen Bruder, dem Nickerl, einen Christbaum zu errichten. Aber alles im Geheimen, das gehört dazu. Sobald es hell geworden war, ging ich in den frostigen

Nebel hinaus. Und just dieser Nebel schützte mich vor den Blicken der ums Haus herum arbeitenden Leute, als ich vom Wald her mit den Fichtenwipfelchen zur Wagenhütte lief und das Bäumlein versteckte.

Dann ging ich nach Sankt Kathrein zum Krämer, um Äpfel zu kaufen. Der hatte aber keine, sie waren in diesem Jahr nicht gut geraten. So fragte ich den Krämer, ob er vielleicht Nüsse habe. „Nüsse!", sagte er, „Nüsse habe ich nur vom vorigen Jahr. Außen sind sie schön, aber schlagst sie auf, haben sie einen schwarzen, verdorrten Kern." Diese Nüsse ließ ich ihm. Das wollte ich dem Brüderl nicht antun: Schöne Schale und kein Kern. Solche Sachen darf man ihm nicht angewöhnen.

Was sollte ich nun kaufen? Ich ging zum Bäcker und kaufte einen Vierkreuzerwecken. Nun hatte ich für den Christbaum alles beisammen. Ich kam nach Hause, da fiel mir ein, das Wichtigste fehlte: die Kerzen. Wo nehm ich sie her? Ich ging zur Mutter und bat sie, ob sie mir ihren roten Mariazellerwachsstock leihen wollte. Wofür, das verriet ich ihr aber nicht.

Dann wurde es Abend. Die Mägde und Knechte waren noch in den Kammern beschäftigt, wo sie sich nach der Sitte des Heiligen Abends die Köpfe wuschen und ihr Festgewand herrichteten. Die Mutter backte die Christtagskrapfen und der Vater ging mit dem kleinen Nickerl durch den Hof, um ihn zu beräuchern und dabei schweigend zu beten.

Derweil also die Leute alle draußen zu tun hatten, bereitete ich in der großen Stube den Christbaum. Ich stellte das Bäumchen auf den Tisch, dann schnitt ich vom Wachsstock zehn oder zwölf Kerzen ab und klebte sie an die Äste. Das plagte mich ein wenig, denn etliche wollten nicht kleben und fielen herab.

Ich hätte sehr gern Geduld gehabt, um alles ordentlich zu machen, aber jeden Augenblick konnte die Tür aufgehen und vorzeitig wer hereinkommen. Gerade diese zitternde Hast, mit der sie behandelt wurden, benützten die Kerzen, um mich ein wenig zu necken. Endlich aber wurden sie fromm, wie es sich für Christbaumkerzen gehört und hielten fest.

Ich legte den Wecken unter den Baum, da hörte ich über der

Stube auf dem Dachboden auch schon Tritte – langsame und trippelnde. Sie waren schon da und segneten den Bodenraum. Bald würden sie in der Stube sein, mit der wir den Räuchergang zu beschließen pflegten. Ich zündete die Kerzen an und versteckte mich hinter dem Ofen. Nun war es still. Ich betrachtete vom Versteck aus das lichte Wunder, wie in dieser Stube nie ein ähnliches gesehen wurde. Die Lichter auf dem Baum brannten so still und feierlich – da fiel mir ein, wenn sie niederbrannten, bevor die Leute kommen! Wie konnte ich's denn verhindern? Wie sollte ich sie denn zusammenrufen? Da konnte ja alles ganz dumm misslingen! Es ist gar nicht so leicht, Christkindl zu sein, wie man glaubt.

Endlich ging die Tür auf, sie traten herein und standen ganz still. „Was ist denn das?!", sagte der Vater mit leiser, lang gezogener Stimme. In seinen großen runden Augen spiegelten sich wie Sterne die Christbaumlichter. Der Vater schritt langsam zur Küchentür und flüsterte hinaus: „Mutter! – Mutter! Komm ein wenig herein." Und als sie da war: „Mutter, hast du das gemacht?"

„Maria und Josef", hauchte die Mutter. „Was haben's denn da auf den Tisch getan?" Bald kamen auch die Knechte und Mägde herbei, hell erschrocken über die seltsame Erscheinung. Da vermutete einer, der aus dem Tal war: Es könnte ein Christbaum sein. Sollte es denn wahr sein, dass die Engel solche Bäume vom Himmel bringen? Sie schauten und staunten.

Da suchte die Mutter mit ihren Augen in der Stube herum: „Wo ist denn der Peter?" „Ah", sagte der Vater, „jetzt kann ich mir schon denken, wer das getan hat".

Da erachtete ich es an der Zeit, aus dem Ofenwinkel hervorzutreten. Den kleinen Nickerl, der immer noch sprachlos und unbeweglich war, nahm ich an dem kühlen Händchen und führte ihn vor den Tisch. Fast sträubte er sich. Aber ich sagte zu ihm feierlich gestimmt: „Tu dich nicht fürchten, Brüderl. Schau, das liebe Christkindl hat dir einen Christbaum gebracht. Der ist dein." Da fing der Kleine an vor Freude und Rührung zu wiehern und die Hände hielt er gefaltet wie in der Kirche.

Öfter als vierzig Mal seither hab ich den Christbaum erlebt, mit mächtigem Glanz, mit reichen Gaben und freudigem Jubel unter Großen und Kleinen. Aber eine größere Christbaumfreude, ja so eine heilige Freude hab ich noch nie gesehen wie jene meines kleinen Bruders Nickerl – dem so plötzlich und wundersam vor Augen trat ein Zeichen dessen, der vom Himmel kam.

Weihnachten

Das Glöckchen läutet! Endlich dürfen die Geschenke ausgepackt werden. Bekommt jeder das, was er sich im Brief ans Christkind gewünscht hat?

Der Heilige Abend auf dem Land

Der 24. Dezember war ein Fasttag. Es gab kein Frühstück und zu Mittag nur eine einfache, fleischlose Speise. Das konnten in einer steirischen Familie geröstete Erdäpfel mit Bohnensalat sein, in Oberösterreich Erdäpfel mit Sauerkraut, in Kärnten Dampfnudeln mit Krautsalat oder Kletzennudeln und in Tirol vielleicht eine Brennsuppe mit Brotbrocken und Erdäpfeln.

Der Heilige Abend galt als strenger Fasttag, das heißt, man durfte sich genau genommen nur einmal satt essen. Gleichzeitig war er auch ein Abbruchsfasttag, also der letzte Tag der adventlichen Fastenzeit. In vielen Familien wurde das sehr genau eingehalten und erst nach Mitternacht, nach der Mette, war die erste Fleischspeise wieder erlaubt.

Der Vormittag und der frühe Nachmittag waren angefüllt mit geschäftigen Verrichtungen. Die letzten Putzarbeiten wurden erledigt und das Futter für das Vieh für die nächsten Tage hergerichtet. Das war viel Arbeit, aber dafür hatte man dann am Christtag und am Stefanitag praktisch frei. Weil Weihnachten war, bekamen die Tiere besonders gutes Futter. Als Leckerbissen wurden Gerstenstroh und Haferstroh untergemischt, dazu gab es geweihtes Salz.

In manchen Regionen Österreichs wurde ein Weihnachtsbaum für das Vieh aufgestellt, der hier „Grössing" genannt wurde; was so viel wie Fichtenwipfel bedeutet. Manchmal war der Grössing ein kleines Bäumchen, das etwa bei der Viehtränke platziert wurde; manchmal sogar eine schöne, größere Fichte, die im Auslaufbereich der Kühe aufgestellt wurde. Natürlich wurde dieser Baum auch geschmückt, er war immerhin eine Art Christbaum für die Tiere. Das Aufputzen übernahm die Sennerin oder die Bäuerin. Buntpapier oder Stanniol wurde in Streifen geschnitten, zu „Büscheln" gebunden und am Baum befestigt. Auch mehrere Kuhglocken wurden aufgehängt. Eine Altbäuerin aus St. Ilgen im Hochschwabgebiet, die diesen Brauch noch pflegt, achtet

Gemeinsames Essen in einer bäuerlichen Stube am Heiligen Abend

darauf, dass immer genau drei Glocken, im Klang aufeinander abgestimmt, am Baum hängen. Sie liebt das Gebimmel der Glocken, das entsteht, wenn die Kühe den Baum berühren. Sie sagt: „So wird für mich die Weihnachtszeit eingeläutet!"

In manchen Gebieten war es üblich, am Vormittag des 24. Dezembers alle Messer des Hauses zu schleifen. In Salzburg nennt man diesen Brauch „Bachlschneid". Oft ging man zum nächsten Bach, der dann das Schleifrad antrieb, und schärfte dort in eisiger Kälte die Messer. Als Belohnung gab es für den Schleifer bei der Heimkehr ein gutes „Bachlkoch" aus Mehl, Milch, Eiern und Honig. Wie für jeden Brauch gibt es auch für diesen alle möglichen Erklärungen, etwa, dass das Schleifen der Messer zu Weihnachten gut gegen Hagelschlag sein soll. Vielleicht war es aber einfach nur notwendig, um den frischen Speck der Weihnachtssau hauchdünn aufschneiden zu können oder um das alt und hart gewordene Kletzenbrot zu zerteilen.

Baden und Räuchern. Am Nachmittag erhitzte die Mutter auf dem Herd in einem riesigen Topf das Badewasser. Gleich in der Küche oder im Vorhaus wurde dann eine Blech- oder Holzbadewanne aufgestellt und einer nach dem anderen, beginnend bei den Kleinsten, gönnte sich ein Bad.

Danach legte man das Sonntagsgewand an, denn eine wichtige Sache, der Feierabend, hatte begonnen. Unter Feierabend verstand man früher nicht nur das Ende eines Arbeitstages, sondern auch den Beginn der Sonntags- und Feiertagsruhe. Diese setzte schon am Tag davor mit dem Vesper- oder Feiertagsläuten ein.

Das gleiche Ritual wie am Heiligen Abend, nämlich das nachmittägliche Baden mit dem anschließenden Wechsel vom Werktags- zum Sonntagsgewand, fand somit an jedem Samstag des Jahres statt. Dem zugrunde liegt die alte Idee, dass ein Tag immer schon am Vorabend beginnt, so, wie es die Juden noch immer mit dem Sabbat halten. So kommt es, dass der erste Weihnachtstag zwar der 25. Dezember, der Christtag, ist, dass aber Weihnachten eigentlich schon am Vorabend, dem Heiligen Abend, anfängt.

Dann, am späteren Nachmittag bei anbrechender Dunkelheit, wurde „g'racht". Beim Räuchern wurde zuerst aus dem Holzofen heiße Glut genommen und in ein passendes Gefäß getan. Das konnte ein irdener Topf sein, eine Pfanne oder auch einmal ein altes Bügeleisen. Hauptsache, es war ein nicht zu kleines, feuerfestes Gefäß. Auf die Glut kam als Hauptzutat Weihrauch, aber auch klein geschnittene Stücke vom Palmbuschen und – wer hatte – wohlriechender Speik und Wacholderzweige. Nun ging's los, der Hausvater schritt voran und alle Familienmitglieder – und oft das ganze Gesinde – gingen hintennach. Laut betend zog man durch das ganze Haus, dann in den Hof und natürlich in den Stall. Man bat um Schutz und Segen: „Wir haben den Herrgott gebeten, dass er das Haus, den Stall, die Leut' und das Vieh vor Unglück verschont."

Direkt hinter dem Bauern ging ein Kind nach, das eine besondere Aufgabe hatte: Es trug ein Gefäß mit Weihwasser und ein Tannenzweigerl und besprengte damit fortwährend alles und jeden. „Nach allen Richtungen hast du mit dem Zweigerl ein Kreuz gemacht. Wenn du unterwegs jemanden getroffen hast und du hast den mit Weihbrunn besprengt, dann hat derjenige kurz innegehalten und sich bekreuzigt."

Danach herrschte „dicke Luft“ und es musste gründlich gelüftet werden. Aus diesem Grund bedeckte ein erfahrener „Racher“ so gut es ging das Rauchgefäß immer wieder mit einem Deckel oder einem alten Hut, sonst hieß es viel später noch: „Habt's wieder g'racht? Das ganze Häusl stinkt!“

Heute weiß man, dass Weihrauch beim Verglühen antiseptisch, desinfizierend und entzündungshemmend wirkt. Fichtenharz wirkt keimtötend, und der Rauch von Wacholder reinigt und desinfiziert ebenfalls. So war das Räuchern nicht nur gut für die Seele, sondern diente auch der Gesundheit.

Vor der Bescherung. Mildtätigkeit, heute sagt man Spendenbereitschaft, gehörte auch damals schon zu Weihnachten dazu. Als Österreich noch kein Sozialstaat war, waren Bedürftige stark auf private Unterstützung angewiesen. Eine schon verstorbene Bäuerin aus Altirdning hielt schriftlich fest, wie sie den Weihnachtsabend in ihrer Kindheit verbracht hatte. Ihr Vater war Bürgermeister des Ortes und somit für das Armenhaus zuständig. Dort lebten alte Mägde und Knechte sowie ein altes Ehepaar, die in kleinen Kammern mit winzigem Herd, Tisch und Bett untergebracht waren. Es waren abgearbeitete und vom Leben gezeichnete Menschen.

Am späten Nachmittag, kurz vor der Bescherung, begleitete das Mädchen seinen Vater, der sich aufmachte, die Armen zu beschenken. Da war der Veiter Hans, klein, mager, bucklig und gebeugt, die Brunner Mali, klein und kugelrund, und das Ehepaar, von dem der Mann manchmal für vierzehn Tage verschwand, weil er lieber in einem Heustadel nächtigte, als im Armenhaus zu leben.

Der Bürgermeister trug einen großen Korb voll mit geflochtenen Milchbrotstriezeln, Würfelzucker, schwarzem Tee und ein paar Flaschen Rum. So ging er nun mit seiner Tochter von Zimmer zu Zimmer und sie legten je einen Striezel, ein paar Stück Würfelzucker und ein Häuferl Tee auf den Tisch. Der Rum wurde in ein bereitgehaltenes Gefäß geschüttet.

„Nachdem Vaters Korb ausgeleert war, verabschiedeten uns die Armenhausleute mit vielen ‚Tausendmal vergelt's Gott' und den Wünschen für eine glückselige Weihnachtszeit.“

Wir sollten uns in Acht nehmen, diese Art von Mildtätigkeit vorschnell als herablassend und oberflächlich zu bezeichnen. Denn so armselig das Leben in diesem Haus war, die Alternative war damals noch schlechter. Es war die Zeit, in der alte, unversorgte Dienstboten als sogenannte Einleger von Haus zu Haus ziehen mussten, dort für ein paar Tage Essen und Nachtlager bekamen und somit erst recht auf die Gnade der Familien angewiesen waren.

Selbst wenn der Christbaum in der Stube schon aufgeputzt war, hieß es in vielen Familien vorher noch in der Küche Rosenkranz beten. „Die Eltern sind beim Tisch gekniet und haben vorgebetet. Die größeren Kinder sind auch gekniet und haben gebetet, die kleinen sind beim Tisch gesessen." Erst danach ging es zur Bescherung.

Der Heilige Abend. Ein Glöckchen läutete oder die Mutter rief und alle kamen, um den Christbaum mit den brennenden Kerzen zu bestaunen. Es war der Anblick dieses mit einigen Äpfeln, Nüssen, reichlich Zuckerlpapier und eventuell ein paar Weihnachtskugeln geschmückten Baumes, der bei den Kindern den größten Eindruck hinterließ. Bis in die 1970er-Jahre hatte man vielerorts noch wenig Vergleich mit Weihnachtsbäumen samt Packerln aus Filmen und aus der Werbung, der den Zauber dieses Moments hätte mindern können.

Geschenke standen selten im Mittelpunkt der Feier. Geschenkt wurde das, was notwendig war und was finanziell möglich war. Strümpfe, Socken, Handschuhe, Hauben, Strickjacken und Unterwäsche waren typische Weihnachtsgeschenke. Wer einen Mantel brauchte, bekam ihn bei dieser Gelegenheit. In einer Familie hat die Taufpatin, die „Godl", regelmäßig im Herbst Stoffe geschenkt. Damit wurden bei der Schneiderin Kleider in Auftrag gegeben, die dann die Weihnachtsgeschenke waren. Heute wären wohl viele Kinder enttäuscht, lägen nur Kleidung und nützliche Dinge unter dem Christbaum. Aber wenn man nur ein Paar Schuhe besitzt, freut man sich sehr über ein neues zweites Paar.

In der Nachkriegszeit bekamen Bauernkinder oft das geschenkt, was die Eltern beim „Hamstern" gegen Lebensmittel eingetauscht hatten. Zu dieser Zeit kamen hungernde Städter aufs Land und versuchten im Tausch gegen Habseligkeiten Nahrung zu ergattern. Manchmal wurde auf diese Weise gebrauchtes Spielzeug eingetauscht, aber auch selbst angefertigte Puppen. Viele Frauen haben Stoffpuppen genäht, manchmal ein paar Puppenkleider dazu und so ihre Familie im Tausch mit Milch, Eiern, Brot, Butter und Schmalz versorgt.

Nach der Bescherung gab es eine Jause, die meistens fleischlos, aber dennoch etwas Besonderes war. Kletzenbrot wurde aufgetischt, vielleicht auch ein Teller mit Weihnachtskeksen. Häufig gab es Speisen aus weißem Mehl – eine Seltenheit, denn sonst gab es nur das selbst gemahlene dunkle Mehl. Dies konnte ein Weihnachtsstriezel sein, ein Weihnachtsgugelhupf oder ein gewöhnlicher Brennsterz aus weißem Mehl, ein „weißes Koch".

In einer obersteirischen Familie war das typische Heiligabendessen ein „Eiersterz", eine Art Kaiserschmarrn, allerdings – so, wie es früher üblich war – ohne Zucker. Dazu trank man Kaffee. Auch hier muss man wissen, dass auf den Bauernhöfen mit Eiern äußerst sparsam umgegangen wurde, denn sie waren das „Taschengeld" der Bäuerin, ein wichtiger Zusatzverdienst. Als der Großvater der Familie, der an diesem Brauch bis zuletzt festhielt, 1993 starb, war man sich einig: „Ab jetzt keinen Eiersterz mehr!" Man war in einer anderen Zeit angekommen, in der nicht mehr fleischlos gegessen werden musste und in der ein Eierschmarren nicht mehr die Köstlichkeit von einst war. Und ohne Zucker schon gar nicht!

Die Mette. Bis es soweit war, zur Mitternachtsmette aufzubrechen, vertrieb man sich die Zeit mit dem einen oder anderen Häferl Tee mit „einer starken Einbrenn" aus Alkohol. Weintee und Schnapstee wurden zu Kletzenbrot, Keksen und – in Kärnten, Burgenland und der Steiermark – zur Nusspotize gereicht. Dies mag einer der Gründe sein, warum viele Menschen die Mette nicht nur als besinnlich, sondern auch als besonders lustig empfunden haben. Ältere Menschen kennen noch die Redewendung „Das war a Mettn!". Damit meinte man: „Das war a Gaudi!" Vielleicht war es aber auch

Am späten Nachmittag des Heiligen Abends wird geräuchert.
Der Bauer geht mit der Räucherpfanne durch Haus, Hof und Stall.
Ihm nach, betend und Weihwasser sprengend, seine Familie.

so, dass vor allem die jungen Leute den langen nächtlichen Fußweg im Schnee auf sich nahmen und die Älteren lieber das Haus hüteten oder die obligate Mettenjause vorbereiteten.

Ob leicht angesäuselt oder nicht, alle Mettengeher hörten schon von Weitem die Turmbläser, die vom Kirchturm aus weihnachtliche Weisen spielten. Je nach Wetterlage wurden diese Melodien oft weit getragen und begrüßten die Kirchgeher am letzten Stück des Weges.

In einer Kirche in der Obersteiermark, so wird erzählt, sollen übermütige Burschen während der Mette vom Chor herab Niespulver zu den unter ihnen sitzenden Kirchenbesuchern rieseln haben lassen. Eine damals junge Frau erinnert sich: „Wir in den hinteren Reihen haben gesehen, wie eine Reihe nach der anderen vor uns angestaubt wird und wie es alle vor lauter Niesen ‚zerrissen' hat. Wir haben uns vor Lachen fast nicht derhalten mögen!"

Auch der Heimweg war unterhaltsam, da sich die Nachbarn grüppchenweise zusammenfanden und die jungen Leute auf den eisigen Wegen oft zu mehreren eingehängt gingen, um nicht zu stürzen. Alle freuten sich schon auf das Essen, das sie daheim erwartete. Die Fastenzeit war nun endgültig zu Ende und es gab endlich Fleisch. Das waren in Kärnten geselchte Kochwürste mit Kren, in Salzburg und in Teilen Tirols die Mettensuppe, eine Fleischsuppe mit Nudeln und Würsteln, in Oberösterreich die Bratwurst und in der Steiermark gelegentlich eine Klachlsuppe. Eine ältere Frau erinnert sich: „Wir sind erst um halb drei in der Nacht von der Mette heimgekommen. Bei uns war es Tradition, dass es dann immer eine gute Klachlsuppe mit Majoran und Lorbeerblatt gegeben hat. Man ist hungrig gewesen und hat die Suppe schon beim Hineingehen gerochen. Auf die hat man sich nach der Fastenzeit richtig gefreut. Heute denk' ich mir noch immer, das war das beste Essen!"

Weihnachten 1946 in Wien. Der kleine Christbaum steht, wie damals üblich, auf einem Tisch, der gleichzeitig der Gabentisch ist. Unter dem Christbaum steht eine geschnitzte Weihnachtskrippe.

Der Weihnachtsabend in der Stadt

Bevor das Christkind kommt. Für die Kinder, die ab den 1970er-Jahren aufwuchsen, gehörten zum Nachmittag des Heiligen Abends unbedingt drei Personen: Pippi, Michel aus Lönneberga und wahlweise Pan Tau oder Aschenbrödel. Es war die Zeit, in der mittlerweile fast jede Familie einen Fernseher besaß, der allerdings nur die beiden ORF-Programme ausstrahlte. Eine Fernbedienung gab es auch noch nicht, und dies hatte außerdem zur Folge, dass man nicht dauernd hin- und herschaltete, sondern immer nur auf FS 1 oder FS 2 – so hießen die Sender – blieb.

Damit die Zeit bis zur Bescherung schneller verging und die Kinder außer Haus waren, wenn die Mutter den Weihnachtsbaum schmückte, machten viele Väter mit ihren Kindern lange Spaziergänge, gingen rodeln oder ins Kino, um einen der dort bis zum späten Nachmittag laufenden Kinderfilme zu sehen.

Ganz anders ein paar Jahrzehnte davor. Solange die Kinder noch ans Christkind glaubten, war in Zeiten vor dem Fernseher die gespannte Erwartung in den Stunden vor der Bescherung genug Programm. Eine ältere Dame erinnert sich: „Wir sind den ganzen Nachmittag am Fenster gestanden und haben geschaut, ob wir nicht das Christkind oder einen Engel vorbeifliegen sehen." Die Eltern schmückten inzwischen in einem abgesperrten Zimmer den Christbaum. Den Kindern wurde gesagt, dass das Christkind auf der ganzen Welt viel zu tun hätte und deshalb auch die Eltern mithelfen müssten. Nun hielten die Kleinen abwechselnd nach dem Christkind Ausschau und horchten vor der Tür. Ab und zu hörten sie ein Rascheln. Ob das Engelflügel waren?

Kurz vor der Bescherung kleidete sich die ganze Familie um. Die Kinder wurden schön frisiert und alle zeigten sich in Festtagskleidung. Nun wartete man, bis das Glöckchen läutete und man in das vorher versperrte Zimmer hineindurfte.

Für ein Mädchen aus Stockerau, das schon früh ihren Vater verloren hatte, verlief der Nachmittag des 24. Dezembers ein bisschen anders. Für sie war der Gang zum Friedhof zu Weihnachten üblich: „Etwa um halb vier nachmittags, wenn es leicht dämmrig zu werden begann, haben die Mutti, mein Bruder und ich uns aufgemacht. Der Friedhof liegt eine halbe Stunde außerhalb der Stadt, damals war da eine Lindenallee und rechts und links vom Weg lagen Felder. Ich hab' das sehr gemocht. Für mich hat so Weihnachten erst richtig angefangen. Das hat schon irgendwie zur Feier des Heiligen Abends dazugehört."

Genau um fünf Uhr nachmittags findet heute in vielen Familien die Bescherung statt. Um diese Zeit senden auch einige Radio- und Fernsehprogamme das Lied „Stille Nacht", praktisch als landesweiten Auftakt zur Feier des Heiligen Abends. Es scheint aber, dass die Bescherung genau um diese Uhrzeit ein recht junger Brauch ist.

Die Weihnachtsfeier fand früher, von Familie zu Familie verschieden, vor oder nach dem Abendessen statt, also zwischen 18 und 19 Uhr. Auch lebten in der Stadt nicht so wie am Land alle Familienmitglieder in einem Haus. So kam es durchaus schon früher vor, dass man zwei Weihnachtsfeiern besuchte; etwa, dass Eltern zuerst mit der erwachsenen Tochter und ihrer Familie und dann mit dem Sohn und seinem Anhang feierten.

In Familien mit Kindern war das Essen ohnehin erst nach der Bescherung möglich, da die Kleinen vor Aufregung keinen Bissen hinuntergebracht hätten. Das Glöckchen läutete, die Tür wurde aufgemacht und da stand der Lichterbaum, zu dem unbedingt immer einige Spritzkerzen gehörten.

Nun durften die Kinder keinesfalls zuerst zu den Geschenken hinstürzen. Alle mussten brav stehen bleiben und mindestens ein Weihnachtslied singen. Zum fixen Repertoire gehörte neben „Stille Nacht" und „O Tannenbaum" auch „Ihr Kinderlein kommet" und „O du fröhliche". Viele Kinder liebten auch „Es hat sich halt eröffnet", besonders wegen der Stelle, an der die „Engelan ganz haufenweis" hervorkugeln. Das Lied war einfach lustiger als die anderen so besinnlichen und ruhigen Weihnachtslieder und beflügelte die Fantasie der Kinder. Eine heute noch besonders musikalische

Frau weiß, dass sie sich immer vorstellte, wie die kleinen Engeln in Massen vom Himmel herunterpurzelten.

In vielen Familien wurde Hausmusik gemacht. Das bedeutete nicht nur das obligatorische Flötenspiel der Kinder, sondern manchmal ein richtiges kleines Weihnachtskonzert. In einer Familie war es jahrelanger Brauch, dass die vier Kinder vor der Bescherung einige Stücke nur für ihre Eltern spielten. Das Quartett hatte fleißig geübt und trug nun die Stücke in der Besetzung mit Flöte, Klarinette, Geige und Klavier vor. Dies war nicht nur eine Einstimmung auf den Abend, sondern zugleich das Weihnachtsgeschenk dieser Kinder an ihre Eltern.

Nach dem Singen oder Musizieren wurde häufig das Weihnachtsevangelium nach Lukas vorgelesen und manchmal ein Vaterunser gebetet. In gar nicht wenigen Familien war es früher üblich, dass die Kinder unter dem Christbaum Gedichte aufsagten. Eine Dame, die ihre Kindheit in den 1940er- und 1950er-Jahren verbrachte, lernte ihr „Sprücherl" immer in der Wartezeit vor der Bescherung. Es lautete: „Kling, kling, wer will herein? Das liebe Christkindlein. Heut ist die heilige Nacht, wo uns das Christkind Freude macht."

Packerln, Fisch und Mette. Endlich, jetzt durften die Geschenke aufgemacht werden! Bekam man das, was man im Brief ans Christkind aufgeschrieben hatte? Oft war es so wie in der Erinnerung dieser Frau: „Ich habe immer genau eine Sache vom Wunschzettel bekommen. Da hatte ich ja eine ganze Reihe von Wünschen notiert gehabt, viel zu viele, und die Eltern haben sich halt immer ein Geschenk ausgesucht."

Immer dabei waren Bücher, Kleidung und oft auch Gesellschaftsspiele. Damit war schon klar, wie man den Abend nach dem Essen verbrachte. In vielen Familien wurden die neuen Spiele, etwa „Mensch, ärgere dich nicht" oder „DKT", gleich gemeinsam ausprobiert, es wurde in den geschenkten Büchern geschmökert oder mit dem neuen Auto oder der Puppe gespielt.

Das Essen selbst war recht oft ein Fischgericht, etwa gebackener Karpfen mit Mayonnaisesalat oder Räucherlachsbrötchen. Wer den „Lachs“ in verdächtig knallroter Farbe in Erinnerung hat, kennt noch ein typisches Lebensmittel der 1970er-Jahre – den Lachsersatz. Da der Heilige Abend ein Fasttag war, pflegten viele Familien auch am Abend auf Fleisch zu verzichten. Wer nichts vom Fasten hielt, servierte den in den 1950er-Jahren beliebten Russischen Salat oder eine kalte Platte, auch Würstel mit Erd-äpfelsalat oder sogar eine gebratene Gans. Ab den 1970er-Jahren wurden dann Fondue und Raclette modern und entwickelten sich mit der Zeit zu dem Weihnachtsessen vieler Österreicher.

Das Besondere am Heiligen Abend war, dass die Kinder lange aufbleiben durften. Fernseher gab es entweder keinen oder er war an diesem Abend tabu. Dafür wurde ausgiebig gespielt und in manchen Familien auf die Mette gewartet, die früher nie vor Mitternacht stattfand.

Manche Kinder durften schon mit elf, zwölf Jahren mit den Eltern in die Mette gehen. Eine Frau erinnert sich, wie sehr sie sich als Mädchen gewünscht hätte, in die Mette mitzudürfen. Ihre Mutter erlaubte es nicht, weil sie der Meinung war, dass man dafür mindestens achtzehn Jahre alt sein müsste. Nun entwickelte sich die Mitternachtsmette in der Vorstellung dieses Kindes zu etwas ganz Wunderbarem, Einzigartigem. Das Mädchen kannte die Abläufe nur aus den Schilderungen ihrer Mutter, aber in ihrer Fantasie entstand daraus die schönste aller Weihnachtsfeiern.

Als die junge Frau dann zum ersten Mal mit in die Mette gehen konnte, war es dort zwar nett, aber doch nicht so umwerfend, wie sie es sich ausgemalt hatte. Aber schön war es jedenfalls, wenn am Schluss der Messe das elektrische Licht ausgeschaltet wurde, die Kerzen am Christbaum entzündet wurden und alle gemeinsam „Stille Nacht, heilige Nacht“ sangen.

Weihnachtsabend 1973 in Wolfsberg in Kärnten.
Staunende Freude an Glitzerkugeln und Lametta.

Weihnachten auf der Flucht

Kein Christkind dieses Jahr. Nicht nur heutzutage sind Menschen auf der Flucht. Flüchtlinge gab es auch in den letzten Weltkriegsjahren 1944 und 1945. Ein damals siebenjähriges Mädchen musste mit seinen Eltern und Großeltern, Donauschwaben, aus einem Ort in der Batschka, an der Grenze zwischen Serbien und Ungarn, fliehen und landete zu Weihnachten 1944 in einem Massenquartier in Frankenstein in Schlesien.

Das tatenlose Herumsitzen war quälend, und bald machten sich auch die kulturellen Unterschiede bemerkbar. Am Heiligen Abend gab es Erbsensuppe mit Schwarzbrot. Erbsensuppe kannte das Kind, aber Schwarzbrot hatte es noch nie gegessen. Wie viele Menschen aus südlichen Gebieten und wie auch die Flüchtlinge, die heute zu uns kommen, kannte das Mädchen nur Weißbrot aus Weizenmehl. Das Kind erinnerte sich an eine Art Hundebrot, das es einmal gesehen hatte, und das auch dunkel war. Erstaunt rief es aus: „Ah, hier gibt es Hundebrot!" Mit dieser Bemerkung fiel sie unangenehm auf. Sie hatte bis dahin wirklich nicht gewusst, dass Schwarzbrot auch von Menschen gegessen wird.

Am nächsten Morgen, dem Christtag, wäre für dieses Kind Bescherung gewesen. In der alten Heimat pflegte das Christkind immer am Weihnachtsmorgen zu kommen. Dies hängt wohl damit zusammen, dass die Schwaben, als sie im 18. Jahrhundert in der Batschka angesiedelt wurden, die damals in Deutschland üblichen Weihnachtsbräuche mit in die neue Heimat nahmen.

Nun aber hatten sich die Dinge grundlegend geändert. Den Eltern blieb nichts anderes übrig, als dem Mädchen schon mit sieben Jahren zu eröffnen, dass es kein Christkind gibt und heuer auch keine Geschenke und keinen Christbaum. Voll Wehmut dachten alle an Weihnachten vor einem Jahr zurück.

Als Trost zeichnete die Mutter für ihr Kind auf ein Blatt Papier ein Mühlespiel. Kleine Papierschnitzel stellten die Spielsteine dar. Die Mutter erklärte dem Mädchen die Regeln und alle fanden Gefallen am neuen Spiel. So wurden die ersten Weihnachten in der Fremde doch noch schön.

Butter aus der Zuckerdose. 1945 war die Familie in der Oststeiermark untergebracht. Man war froh, dass man ein Dach über dem Kopf hatte, auch wenn dies nur ein Raum war, in dem Kisten und Metalleinsätze zu Möbeln umfunktioniert waren.

Nun, als Weihnachten kam, hatten sie sich schon an den hiesigen Brauch der Bescherung am Heiligen Abend angepasst. Es gab sogar wieder einen kleinen Christbaum, dessen einziger Schmuck aber Zuckerlpapier war, in das statt Bonbons Papierknäuel eingewickelt waren. Auf ihrer Flucht hatte die Familie einige Stoffballen mitgenommen, die in hellgrünes, zartes Papier verpackt waren, das nun in Stücke zerteilt und fransig zugeschnitten wurde – und fertig war das Einwickelpapier.

Damit Weihnachten etwas festlicher wurde, hatte die Mutter bei einem Bauern fette, also nicht entrahmte Milch gekauft. Der Plan war, daraus Butter herzustellen. Sie schöpfte von der rohen Milch den Süßrahm ab und schüttete ihn in eine gut verschließbare Zuckerdose aus Blech. Nun wurde geschüttelt und geschüttelt. Es dauerte sehr lange, aber am Ende war doch ein Bröckerl Butter entstanden.

Dann wurde das Weihnachtsessen zubereitet. Es gab Mais und Futterrüben, die in Salzwasser gekocht worden waren. Dazu ein wenig Brot, das man mit Lebensmittelkarten hatte kaufen können. Darauf wurde nun die kostbare Butter gestrichen. Keine Geschenke, keine Kerzen, dafür aber ein Christbaum und ein warmes Essen.

Am nächsten Tag ging die Familie zum Hochamt in die Kirche. Schon am Morgen waren zur Feier des Tages Böller geschossen worden. In der Kirche gab es die damals noch übliche lateinische Liturgie und dazu festliche Orgelklänge und Chorgesang. Auf einmal stellte sich bei dem Mädchen eine feierliche Stimmung ein. Am Vortag hatte sie es noch nicht so empfunden, aber jetzt sah und erlebte und spürte sie: Das ist Weihnachten!

Was man sich wünscht und was man bekommt

„Ich habe einen Brief ans Christkind geschickt und hab' mir gedacht, ich bin neugierig, ob es mich erhört." Es war 1950 und der Kärntner Bub war etwa zehn Jahre alt. Was er sich so sehnlichst gewünscht hatte, waren seine ersten Ski. Am Heiligen Abend wartete er schon gespannt, bis er endlich das Glöckchen läuten hörte. „Wir sind hinauf in das Zimmer, wo der Christbaum stand. Er war wunderschön! Wir haben gebetet und gesungen, aber meine Augen sind im Raum hin- und hergewandert. Wo sind die Ski? Ich konnte sie nirgends sehen. Vielleicht hab' ich sie gar nicht bekommen?" Die Enttäuschung war groß und im Gesicht des Kindes deutlich abzulesen. Keine Ski! Die Eltern fragten nach: „Ja, hast du denn schon überall nachgeschaut?" „Freilich hab' ich geschaut!" „Dann musst halt einmal unterm Bett suchen. Vielleicht sind sie dort?" Der Bub sauste schnell in sein Zimmer und da, wirklich, da waren sie – unter dem Bett versteckt.

Draußen war es noch ein wenig dämmrig. Das Kind läuft sofort ins Freie, schnallt sich die Ski an und probiert, im Halbdunkel den Hang vor dem Haus hinunterzufahren. Die Fahrt geht dem Buben zu langsam, die Ski wollen nicht richtig rutschen. Da lässt er sich etwas einfallen. Er nimmt einfach Kerzenwachs und reibt damit die Unterseite fest ein. Und schon geht's besser. Es wurde ein unvergesslicher Weihnachtsabend!

Diese Ski wurden damals nicht im Sportfachhandel gekauft. Sie wurden, wie die meisten Ski damals, vom ortsansässigen Wagner hergestellt. Dieser baute sonst Karosserien samt Rädern und Deichseln für Wagen und Kutschen aller Art, aber gelegentlich auch Schlitten oder Ski. Aus Eschenholz wurden zwei Brettln ausgeschnitten, die Spitzen aufgebogen und eine Bindung montiert. Damit war der Bub nun in jeder freien Minute unterwegs – ohne Skischuhe, dafür mit normalen Straßenschuhen, wohlgemerkt.

Die ersten Ski! Das war ein Geschenk, das man sich gemerkt hat. In Erinnerung geblieben sind aber interessanterweise gerade jene Geschenke, die man sich gewünscht hatte, man aber nie bekommen hat. Ein Mädchen hat sich in den 1960er-Jahren immer sehnlichst eine „Kinderpost“ gewünscht. Ähnlich einem Kaufladen konnte man damit Postamt spielen. Es gab Briefmarken, Umschläge, amtliche Vordrucke und Formulare, „Papiergeld“ und natürlich Stempel und Stempelkissen. Ihre Freundinnen besaßen ein solches Postamt aus Karton, dort durfte sie zwar ein bisschen mitspielen, aber niemals Briefmarken aufkleben oder Formulare ausfüllen. Mehrere Jahre hindurch hatte sie diesen Wunsch vor Weihnachten geäußert. Aber ihre Mutter war der Meinung, das wäre kein richtiges Spielzeug und außerdem viel zu teuer. Dieses Mädchen, mittlerweile eine ältere Frau, hat den Wunsch nie vergessen und war schon öfter knapp davor, sich jetzt, Jahrzehnte später, ein „Kinderpostamt“ antiquarisch zu kaufen.

Eine Wurst, ganz für mich allein! Andere Wünsche wurden erfüllt, auch wenn sie für uns unglaublich karg und bescheiden klingen. Ein Mädchen, es wuchs auf einem kleinen Bauernhof in Salzburg auf, hatte einen großen Weihnachtswunsch: Ein Paar Würstel ganz für sich allein. Sie wünschte sich eine Wurst, die sie mit niemandem teilen musste und die sie ganz allein aufessen durfte. Dann, am Heiligen Abend, rief die Mutter endlich: „Das Christkind war da!“ Das Kind stürmte ins Zimmer und kam gerade noch rechtzeitig, um sein heiß ersehntes Geschenk zu retten: Die Katze war nämlich schon dabei, die Würstel aus dem Zeitungspapier zu angeln, in das sie eingewickelt waren.

Es gab aber auch Kinder, die keinen Wunschzettel schrieben und keinen bestimmten Wunsch ans Christkind hatten. Das waren nicht unbedingt Kinder aus wohlhabendem Haus, sondern einfach Kinder, die die Überraschung liebten: „Ich hab’ als Bub nie Briefe an das Christkind geschrieben und mich nie auf bestimmte Geschenke versteift. Ich hab’ mir gedacht, das, was du kriegst, das passt dann schon. Man war dann neugierig, was gibt’s zu Weihnachten? Was bekommt man?“

Manche Eltern entschieden sich auch ganz bewusst, nicht das Gewünschte zu kaufen. Ein Bub hatte sich eine schwarze

Puppe gewünscht, die – heute „politisch inkorrekt" – Negerpuppe genannt wurde. Er bekam sie nicht, wohl, weil er ein Bub war. Ein Bub bekam damals prinzipiell keine Puppen. Stattdessen lag für dieses Kind als schwacher Trost ein Kasperl in Puppengröße unter dem Christbaum.

Wirkliche Überraschungspakete aber kamen per Post. Manche hatten tatsächlich den ausgewanderten „Onkel in Amerika", der Pakete mit Spielsachen und Kleidung schickte. Es war die Zeit, als zu Weihnachten noch Pakete verschickt wurden – und zwar anders als heute, wo der Paketzustelldienst pausenlos Internetbestellungen liefert. Eine Familie in Oberösterreich etwa erhielt jedes Jahr ein Paket aus Wien. Der Vater war mit dem Absender in Kriegsgefangenschaft gewesen und hatte ihm geholfen, heimzukehren. Aus Dankbarkeit kam nun regelmäßig kurz vor Weihnachten ein Packerl für die Kinder. Der Inhalt war jahraus, jahrein derselbe: Eine Tafel Suchard-Schokolade pro Kind. Die Kinder warteten schon immer sehnsüchtig auf dieses Paket: „Das war etwas Seliges für uns. Ein herrliches Weihnachtsgeschenk. Ich habe eine Blechdose gehabt, darin habe ich die Schokolade verwahrt. Nur ab und zu hab' ich davon genommen, damit ich länger etwas davon habe."

Das selbst gemachte Geschenk. In der Adventzeit gab es viele Heimlichkeiten. Väter waren in der Werkstatt damit beschäftigt, Schaukelpferde, Nachziehwägelchen oder Puppenhäuser anzufertigen. Die Mütter nähten und strickten. So entstanden Fäustlinge, Hauben, Trachtenstutzen für die Männer in den alten, wunderschönen Modelmustern mit dem typischen Wadenkeil und Trachtenjankerl für die Kinder. Genäht wurde oft bis tief in die Nacht, um das Plansoll, mindestens ein Kleidungsstück für jedes Kind, zu erfüllen.

Dass Kinder ihren Eltern etwas schenkten, war nicht in allen Familien üblich. Dass es dann aber etwas Selbstgemachtes sein musste, wurde vorausgesetzt. Eine Mutter hat es ihrem Sohn so erklärt: „Du kannst doch nicht zum Papa gehen und ihn um Geld bitten, damit du ihm etwas kaufen kannst!" Dieses Kind, der Sohn eines Hochschuldozenten, wurde von klein auf dazu angehalten, seinem Vater zu Weihnachten etwas Selbstgemachtes zu schenken. Als er fünf Jahre alt war, schlug ihm die Mutter vor, ein Flugzeug aus einem Ausschneidebogen zu basteln. Der Mann erinnert sich: „Damals gab es noch keine guten Klebstoffe zu kaufen. Ich hatte so eine dunkelbraune Masse, die mehr auf meinen Fingern klebte als auf dem Papier. Man musste die geklebten Stellen auch immer lange halten, bis sie gut verbunden waren. Am Ende waren nicht nur meine Finger, sondern auch das Flugzeug ganz dunkelbraun."

Dieser Mann ist durch die jahrelangen Basteleien letzten Endes ein recht geschickter Handwerker geworden. Auch die Idee, nichts Gekauftes zu schenken, hat er, was seinen Vater betrifft, sein Leben lang beibehalten. Meistens hat er ihm Zeit geschenkt, die die beiden miteinander verbringen konnten. Doch gelegentlich hat er dem Vater sogar noch als erwachsener Mann etwas selbst Angefertigtes zu Weihnachten geschenkt. Der Vater war ein begeisterter Briefmarkensammler. Da hatte sein Sohn, auch ein talentierter Zeichner, eine Idee: Er kopierte einige Seiten des Markenalbums mit Farbstiften auf Zeichenblätter und schenkte dem Vater seine Kunstwerke zum Fest. Auch in der Familie des Sohnes wurde diese besondere Geschenktradition weiter gepflegt. Eines seiner Kinder hatte in Deutsch immer schlechte Noten. Da bekam der Papa einmal zu Weihnachten einen mit besonders viel Mühe und Fantasie in korrektem Deutsch verfassten Aufsatz geschenkt!

Das allerkleinste Packerl. Es war in den 1960er-Jahren. Das Mädchen war vier oder fünf Jahre alt und kam mit einem besonderen Wunsch zu seiner Tante: „Du, kannst du mir bitte einen Kaffeelöffel kaufen. Ich möchte ihn der Mama zu Weihnachten schenken." Die Tante unterstützte den etwas merkwürdigen Wunsch, denn ihr gefiel es, dass das kleine Mädchen schon so früh Freude am Schenken zeigte.

Nun, der Löffel war besorgt und musste noch eingepackt werden. Das Kind wollte das unbedingt selbst machen und bemühte sich, ein schönes Packerl zustande zu bringen. Am nächsten Tag war es doch nicht zufrieden damit, packte den Löffel wieder aus und auf andere Art wiederum ein. So ging das eine Zeit lang, einpacken, auspacken, neu einpacken. Endlich war das Kind zufrieden und bat die Tante, ihm zwei Worte vorzuschreiben: Für Mama. So gut es konnte, malte es die Buchstaben auf einen Zettel und befestigte diesen am Geschenk.

Endlich war der Heilige Abend gekommen und die große Familie, zwölf Leute, feierten gemeinsam. Unter dem Christbaum lagen viele Geschenke, darunter ein winzig kleines Päckchen, ungeschickt in ein wenig zerknülltes Papier eingepackt.

Es war die Aufgabe des Großvaters, die Pakete nach und nach an alle Familienmitglieder auszuteilen. Zwischen all den größeren Geschenken war das Packerl mit dem Kaffeelöffel kaum zu sehen und blieb lange unbeachtet liegen. Auch das kleine Mädchen hatte inzwischen seine Geschenke bekommen, aber es packte sie noch nicht aus. Die ganze Zeit über hatte es nur sein kleines Paket im Auge, das außer ihm keiner zu bemerken schien.

Endlich machte die Tante den Großvater aufmerksam: „Schau, da liegt ja noch ein Packerl!“ Auf diesen Moment hatte das Mädchen gewartet. Glücklich springt das Kind auf, läuft zu seiner Mutter und sagt freudestrahlend: „Mama, das ist von mir!“ Die Mutter wickelt den Löffel aus und weiß nicht so recht, was sie sagen soll. Ein Kaffeelöffel? Wie kommt das Kind nur auf so eine Idee?

Das Mädchen erklärt es ihr. Vor einigen Wochen hat die Mutter in der Küche laut ausgerufen: „Jetzt sind schon wieder keine Kaffeelöffel da!“ Sie meinte damit, dass alle gebraucht in der Spüle liegen. Das Kind aber verstand es anders und wollte der Mama schenken, was sie anscheinend so dringend brauchte. An diesem Weihnachtsabend wurden so alle mit der Erkenntnis beschenkt: Geben ist wirklich seliger als nehmen!

Große Freude bei den fünf Kindern auf einem oberösterreichischen Bauernhof Mitte der 1960er-Jahre

Was 'Kocht's und was 'Braten's

Tage des Überflusses. Auch heute wird zu Weihnachten und schon im Advent reichlich gegessen. Früher war die Völlerei im Prinzip auf zwei Tage beschränkt, auf den Christtag und den Stefanitag. Dafür aber wurde an diesen Tagen alles nachgeholt, was vorher anscheinend versäumt worden war. Der Grund war die Beendigung der Fastenzeit. Nun durfte endlich wieder Fleisch gegessen werden und auch Leckereien wie Weihnachtskekse waren wieder erlaubt.

Besonders auf den Bauernhöfen wurde an den hohen Feiertagen getafelt, als gäbe es kein Morgen. In der Früh fing es schon an. Nach der üppigen Mettenjause in der Nacht gab es nun ein besonders gutes Frühstück. Das konnten entweder ein weiteres Mal Würstel oder auch Bohnenkaffee und ein Striezel aus weißem Mehl sein. Dann besuchte man den Weihnachtsgottesdienst. Nach der Messe sollen die Männer sich ausnahmsweise nicht mehr lange zum Tratschen auf dem Kirchplatz aufgehalten haben. An diesem Tag gingen alle gleich nach Hause. Es hieß: „Heut' gibt's ein Bratl. Heut' gehen wir sofort heim."

Das Mittagessen bestand aus vier Gängen. Zuerst eine gute Rindsuppe mit Einlage, dann gekochtes Rindfleisch, danach ein Schweinsbraten und zuletzt eine Nachspeise.

Die klassische Einlage für die Suppe waren Leberknödel oder hausgemachte Nudeln. Schon Tage vorher wurde dafür der Nudelteig zubereitet, die feinen Suppennudeln mit der Hand geschnitten und auf dem Tisch zum Trocknen aufgebreitet. Als zweiten Gang gab es das in der Suppe gekochte Rindfleisch mit Semmelkren oder Apfelkren. Danach kam der Schweinsbraten mit Sauerkraut oder mit Krautsalat, oft auch mit einem Salat aus roten Rüben. Nun kam in den meisten Familien als Abschluss die süße Nachspeise; nur in der Oststeiermark konnte es vorkommen, dass diese lediglich ein Zwischengang vor dem Backhendl war. So gab es dann meistens ein süßes Semmeltommerl – einen Semmelauflauf mit Rosinen – zum „Erholen" vor dem abschließenden gebackenen Huhn. Eine Familie, in der dies so der Brauch war, erklärt, wie man so unglaublich viel essen konnte: „Zur Festtagsstimmung haben unbedingt drei Sorten Fleisch, also Rindfleisch, Schweinefleisch und Hendl, dazugehört. Wir haben zwar von allem gegessen, aber halt nicht zu viel. Natürlich ist einiges übrig geblieben, aber das gab es dann als Abendessen."

Kochen, dass sich die Tische biegen, das war eine ländliche Besonderheit. Solange die Bauernhöfe noch Dienstboten hatten, war ein solches Festmahl gewissermaßen ein Teil der Bezahlung. Und es sprach sich herum, wenn eine Bäuerin zu Weihnachten oder zu Ostern nicht groß aufkochte – dieser Hof hatte im nächsten Jahr Probleme, geeignetes Personal zu finden. Die „zwischenmenschliche Kommunikation" funktionierte perfekt ...

Reindling und Triett. Eine besondere Rolle beim Weihnachtsmahl spielten die Nachspeisen. Sie waren an den hohen Festtagen ein unbedingtes Muss. In der Erinnerung der Menschen haben sie unvergleichlich gut geschmeckt, vielleicht auch, weil es sie nur ein, zwei Mal im Jahr gab. Manche dieser Speisen waren großzügig in Wein oder Schnaps getränkt, wie das steirische Triett, eine Art „B'soffene Liesl", bei der Biskuit mit Glühwein übergossen wird. Kenner aßen das Triett übrigens auch zum Schweinsbraten, die Geschmacksverbindung soll hervorragend harmoniert haben.

Es gab etwa Gugelhupf, Nusspotize, Mohnstrudel, süße Semmelaufläufe, die legendäre „Russische Creme", Weinchadeau, Kärntner Reindling und danach die guten Weihnachtskekse. Dann, müde von der kurzen Nacht, durfte man es sich am Nachmittag gemütlich machen. Der Christtag und der Stefanitag waren übrigens früher auf den Bauernhöfen die einzigen echten Urlaubstage – zumindest für die Männer.

Auch im städtischen Bereich hatte das Essen am Christtag einen hohen Stellenwert. Es gab Rindsuppe mit Schöberln oder einer anderen guten hausgemachten Einlage, danach Schnitzel oder Schweinsbraten. In vielen Familien gab es traditionell Kalbsnierenbraten oder Kalbsrollbraten mit Erbsenreis.

Zum Dessert und zum Nachmittagskaffee servierte man nicht nur Kekse und Weihnachtsgebäck, sondern auch Torte,

Gugelhupf, Nusspotize, Strudel oder Reindling. Eine heute schon fast vergessene Wiener und niederösterreichische Spezialität ist der Weihnachtsstriezel, ein Mittelding zwischen Christstollen und Milchbrot mit Zitronat, Aranzini, Rosinen, Walnüssen und Mandeln. Das Besondere an diesem Striezel war, dass er nur zu Weihnachten gebacken wurde. So konnten kulinarische Erinnerungen entstehen, die Fest und Essen untrennbar miteinander verbanden.

Jede Familie hatte ihre eigenen Traditionen. Das eine Weihnachtsgericht, und sei es auch nur eine Nachspeise, blieb so für immer mit den Weihnachten der Kindheit verbunden. Man konnte es noch Jahrzehnte später förmlich riechen und schmecken. Eine Dame aus Stockerau erinnert sich an die „berühmte Götterspeise der Mama", die es am Christtag immer als Dessert gab. Hausgemachtes Biskuit, selbst eingekochte Marillen und Vanillesauce, natürlich auch selbst gekocht, wurden in eine Schüssel geschichtet und auf den kalten Balkon gestellt. Es geschah Wunderbares: „Draußen musste die Götterspeise ein bisschen anfrieren. Dann wurde sie eiskalt mit Schlagobers serviert. Wenn man sie gegessen hat, war sie halb gefroren und hat beim Essen so schön zwischen den Zähnen geknirscht. Man hatte dann das Gefühl, man isst Eissterne."

Der Stefanitag war Besuchstag. Am Christtag blieb man zu Hause, aber der zweite Weihnachtsfeiertag war ein klassischer Besuchstag. Verheiratete Kinder besuchten ihre Eltern, es musste nicht groß vereinbart werden, auch ohne Handy und ohne Telefon wusste jeder Bescheid. Tanten, Onkeln und Geschwister wurden mit Autobus, Zug, Pferdeschlitten oder zu Fuß erreicht. Es gehörte dazu, dass man oft mehrere Stunden unterwegs war, dafür war man ja schon mit Kindern, Sack und Pack zeitig in der Früh aufgebrochen. Bei den Verwandten kam man pünktlich zum Essen an, blieb bis nach der Nachmittagsjause und war abends wieder daheim. Sinnigerweise hieß der Stefanitag in Teilen Oberösterreichs früher „Hoamsuchstag", also „Heimsuchtag", das war keineswegs ironisch gemeint, obwohl es für unsere Ohren so klingt.

Der Stefanitag war auch der Tag, an dem die Pferde bewegt werden mussten. Man hat die Rösser wieder eingespannt, die einige

Tage untätig im Stall gestanden waren, um zu den Verwandten zu fahren. Auch der Brauch des Stefaniritts erklärt sich einerseits aus der Notwendigkeit, die Tiere zu bewegen, andererseits daraus, dass Stephanus der Patron der Pferde ist. Es gibt an diesem Tag, heute wie früher, Pferdesegnungen, und auch Wasser, Brot, Salz und Hafer – die Lebensmittel der Pferde – werden gesegnet.

Die Jugend freute sich aber aus einem anderen Grund ganz besonders auf diesen Tag. Vielerorts war es üblich, ein Stefanikränzchen abzuhalten. Endlich durfte man wieder tanzen! St. Kathrein hat den Tanz „eingesperrt", nun wurde er wieder „freigelassen".

Im Großen und Ganzen aber war die Zeit von Weihnachten bis Neujahr ruhig und gemütlich. Auch im städtischen Bereich pflegte man den Brauch des Besuchens am Stefanitag. Man deckte den Tisch besonders festlich und bot die schönsten und besten Kekse an, die man eigens für diesen Anlass aufgespart hatte.

Die Kinder gingen eislaufen – damals gab es noch überall Natureis – und genossen ihre Weihnachtsferien in vollen Zügen: „Das war eine irrsinnig gemütliche Zeit. Ich habe alle Bücher, die ich zu Weihnachten bekommen habe, gelesen. Das ist so eine wohlige, schöne Erinnerung. Ich habe als Kind immer alle möglichen Zustände gekriegt, wenn die Weihnachtsferien aus waren."

Tipp

Traditionelle Gerichte zu Weihnachten erhöhen die Vorfreude. Man weiß, worauf man sich freuen darf!

Kärntner Reindling

Vor einigen Jahren erklärte mir eine Bäuerin aus dem Gurktal: „Ein Kärntner Reindling ist eine Festtagsspeise!" Nur an den Festtagen wie Weihnachten, Ostern oder zu Hochzeiten wurde die köstliche Germmehlspeise gebacken. Außerdem: Ein Reindling ist kein Guglhupf! Er wird, wie sein Name schon sagt, in einer „Rein", einer kochtopfähnlichen, runden Form gebacken. Deshalb nennt Willi Tschemernjak, von dem dieses Rezept stammt, in seiner „Kärntner Küche" die süße Köstlichkeit auch „Reinling".

ZUTATEN

Teig

500 g	Mehl, griffig
65 g	Butter
1	Ei
2	Eidotter
5 g	Salz
65 g	Zucker
ca. 250 ml	Milch
30 g	Germ

Zitronenschale, gerieben
Butter zum Bestreichen

Fülle

80 g	Butter, zerlassen
60 g	Zucker
2 TL	Zimt
80 g	Honig
60 g	Walnüsse, gehackt
120 g	Rosinen
1 TL	Kakaopulver

Tipp

Die Menge der Milchzugabe richtet sich nach der Mehlqualität und kann zwischen 200 und 250 ml liegen.

ZUBEREITUNG

Die Germ mit einer Prise Zucker, 40 ml lauwarmer Milch und 30 g Mehl zu einem Dampfl verrühren und zugedeckt gehen lassen. Die restlichen Zutaten, bis auf das Mehl, in einem Wasserbad lauwarm schlagen.

Die feine Fülle macht den Reindling zum Festtagskuchen.

Sobald sich das Dampfl auf das Doppelte seines Volumens vergrößert hat, mit dem Mehl und der warmen Masse zu einem seidigen Teig abschlagen. Diesen zugedeckt auf das Doppelte seines Volumens aufgehen lassen. Dann zusammenschlagen und zu einem rechteckigen, fingerdicken Fleck ausrollen. Mit Butter beträufeln und mit Zimtzucker, Rosinen sowie Walnüssen bestreuen. Mit Honig beträufeln und den Fleck mit Kakaopulver leicht ansieben.

Einrollen und in eine gut mit Butter bestrichene Rein (oder Gugelhupfform) legen. Zugedeckt nochmals auf die doppelte Größe aufgehen lassen. Dann mit flüssiger Butter bestreichen und bei 170 °C im vorgeheizten Backrohr ca. 1 Stunde lang backen.

Wünschen und Verabschieden

Frisch und gsund. Ein besonderer Tag war der Unschuldige-Kinder-Tag am 28. Dezember. Im Gedenken an die in Bethlehem geborenen und von König Herodes ermordeten Knaben zogen die Kinder von Haus zu Haus. Dabei durften sie die Erwachsenen mit Birkenruten „schnalzen" und dazu ihr Sprücherl aufsagen: „Frisch und g'sund, frisch und g'sund, lang leben, g'sund bleiben." Das war die Grundvariante. Oft fügte man noch hinzu: „Und 's Christkindl am Hochaltar wünscht viel Glück im neuen Jahr." In Kärnten wiederum hieß es noch: „Nix klunzen, nix klagen, bis i wieder kumm schlagen. Des Christkindl mit die krauslerten Haar wünscht ein glückliches neues Jahr!"

Es war eine Art verfrühtes Neujahrwünschen der Kinder, die zu den Taufpaten, den „Goden", und auch zu den Nachbarn gingen, ihr Sprücherl aufsagten und sich dafür eine Süßigkeit oder ein paar Münzen erhofften. Der Brauch ist in vielen Gegenden zum Erliegen gekommen, weil die Leute, an deren Türen geklopft wurde, sich durch die Kinder belästigt fühlten. Nur dort, wo man den alten Sinn noch kennt, wird er nach wie vor ausgeübt.

Am Unschuldige-Kinder-Tag wurden in manchen Häusern passenderweise neue Birkenbesen gebunden. Das Reisig der Birkenbesen nutzte sich bei Gebrauch nach etwa drei Monaten ab und so mussten die Besen ersetzt werden. Am Ende des Jahres war der Vorrat an Besen aufgebraucht, also nutzte man die Zeit zwischen Weihnachten und Neujahr, um neue zu binden. Die Männer saßen den ganzen Tag beieinander und stellten in Gemeinschaftsarbeit neue Besen her.

Dann, am 31. Dezember, klopften wieder Kinder, aber auch arme Leute an die Tür. Traditionell waren die vier Raunächte – Thomastag, Heiliger Abend, Silvester und Dreikönigstag – „Bettel-termine". An diesen Tagen durfte man ganz offiziell um eine milde Gabe bitten. Diese und andere „Heischetage", also Betteltage, waren in Zeiten sozialer Not für die Armen und die Alten nicht unwichtig. Zu Silvester und am Dreikönigstag etwa bekamen die Armen Krapfen, die sie in großer Menge sammelten und dann altbacken und somit haltbar werden ließen. Die harten Krapfen wurden in Suppe eingebrockt oder einfach so gegessen und dienten noch wochenlang als Nahrung.

Diese Anklopfer wünschten das Allerbeste für das neue Jahr und baten um eine milde Gabe. Auch die Sternsinger, die heute zwischen Neujahr und Dreikönig für karitative Zwecke von Haus zu Haus ziehen, gehen auf diesen alten Bettelbrauch zurück.

Der Altjahrstag. Der 31. Dezember war von der Grundstimmung her ein eher stiller Tag. Man ging am Nachmittag gegen drei oder vier Uhr in die Kirche zur „Abschlussmesse". Diese war ein Dankgottesdienst für das vergangene Jahr, verbunden mit der Bitte um Segen im kommenden neuen Jahr. Der Pfarrer verkündete die Geburten des letzten Jahres und die Namen derer, die verstorben waren. Am Ende teilte er den letzten Segen in diesem fast vergangenen Jahr aus, im Innviertel hieß es „das alte Jahr hinausbeten".

Gleichzeitig war der Altjahrstag, die Nacht von Silvester auf Neujahr, eine „fette" Raunacht. Es hieß: „Der Raunacht sind vier, zwoa foast (fett) und zwoa dürr." Dies bezieht sich auf das Fastengebot. An den mageren Raunächten, dem 21. und dem 24. Dezember, musste noch gefastet werden. In Oberösterreich nannte man den Thomastag deshalb auch „Millisuppenraunacht" und den Heiligen Abend „Kletzenraunacht". An den zwei „fetten" durfte man schon wieder alles essen. Dies wurde zu Silvester auch fleißig getan, meistens waren noch Bratwürsteln von der Weihnachtsschlachtung übrig.

Auch geräuchert wurde am Altjahrstag wieder. So wie am Heiligen Abend begann man „von innen hinaus" zu räuchern, das bedeutete, dass man im Haus begann und erst danach in den Hof und in den Stall ging. Zu Dreikönig war es genau umgekehrt – da räucherte man „von draußen hinein". Man startete also in den Stallgebäuden und ging zuletzt erst ins Wohnhaus.

In vielen Häusern wurde am 31. Dezember, wie an den anderen Raunächten auch, eine Kerze angezündet, welche die ganze Nacht durchbrannte. In einer steirischen Familie in Kammern im Liesingtal pflegte man einen besonders schönen

Brauch. Man legte eine Säschürze, die zur Aussaat des Getreides auf den Feldern benutzt wurde, zusammengefaltet auf den Tisch. Darauf kam ein Tischtuch und darauf schließlich ein Leuchter mit einer Kerze. Man versteht dieses Ritual nur, wenn man weiß, wie viel damals von einer guten Ernte abhing. Das tägliche Brot wuchs im wahrsten Sinne des Wortes auf den eigenen Äckern und stellte die Nahrungsversorgung für die ganze Familie dar.

Gegen acht oder neun Uhr abends begann das „Neujahranschießen", das früher immer in der Silvesterraunacht stattfand. Wer sich Schwarzpulver leisten konnte, ließ aus diesem Anlass ein paar Böller krachen.

Vereinzelt gab es am 31. Dezember auch Tanzveranstaltungen und Silvesterfeiern. Nach der Adventzeit waren die jungen Leute richtig ausgehungert nach Unterhaltung und Tanz. Eine ältere Frau erinnert sich, dass sie in dieser Nacht gar nicht schlafen gegangen ist: „Wir haben durchgetanzt bis in der Früh und sind dann gar nicht mehr nach Hause gegangen, sondern gleich weiter in die Kirche. Denn das war Pflicht am Neujahrstag."

Ein gutes neues Jahr! Am Neujahrstag war das „Wünschen" eine wichtige Sache. Im Prinzip sollte jeder dem anderen ein glückliches neues Jahr wünschen. Aber für die Kinder war es Pflicht, zu den Verwandten und Nachbarn „Neujahrwünschen" zu gehen. So mancher lernte dafür sogar ein Sprücherl auswendig, etwa dieses: „Ein kleines Büblein bin ich, drum wünsch ich kurz und innig ein glückliches neues Jahr, wie heut so immerdar!" Dafür gab es dann mindestens eine Nascherei, oft auch ein wenig Geld.

Die Erwachsenen wünschten jedem, dem sie begegneten, ein gutes neues Jahr. Dies geschah beim Kirchgang und nachmittags beim Besuchen der Nachbarn. Meistens waren es die Männer und jungen Burschen, die von Haus zu Haus gegangen sind und die „Ein gutes neues Jahr und schön g'sund bleiben" wünschten und dafür mit einem Schnapserl oder einem Schnapstee belohnt wurden. Frauen gingen fast nie mit, auch, weil es in manchen Gegenden, etwa im steirischen Semriach, hieß, dass es den Männern Unglück im neuen Jahr bringt, wenn eine Frau die erste Besucherin ist.

Kinder beim „Frisch-und-g'sund-Schlagen": Sie wünschen dabei ein gutes neues Jahr und erhalten dafür Süßigkeiten oder ein wenig Geld.

Interessanterweise kennt man in Schottland einen ähnlichen Brauch. Auch hier ist mit dem ersten Besucher im neuen Jahr entweder Glück oder Unglück verbunden. Ist der erste Besucher groß und blond, wie einst die Wikinger, die das Land eroberten, verheißt er Unglück. Glück bringt dort hingegen ein kleiner und dunkelhaariger Besucher.

Gern gesehen sind und waren hingegen die Neujahrsgeiger, die im Burgenland und der Südsteiermark vor den Häusern aufspielten und danach zu einem Umtrunk eingeladen wurden.

Was den Verwandtenbesuch anlangte, gab es in der Weihnachtszeit bestimmte Regeln. Am Christtag wurden die Großeltern besucht, am Neujahrstag kamen jene Geschwister zu Besuch, die „weggeheiratet" hatten. Das war immer eine recht lustige Angelegenheit, auch, weil meist viele Kinder mitkamen. In Zeiten, als bei Weitem nicht alle ein Auto hatten und man sich eher selten sah, war dies ein willkommenes Treffen aller Cousins und Cousinen.

Solange es noch Dienstboten gab, war der Jahreswechsel mitunter die Zeit des Abschieds. Viele Mägde und Knechte packten in den letzten Tagen des alten Jahres ihre Habseligkeiten und wurden vom Bauern zum neuen Dienstherrn geführt. So saß man also das erste Mal bei einer Jause beieinander und lernte sich ein wenig kennen.

Ein neues Jahr hatte begonnen und die dunkle Jahreszeit war bald zu Ende. Die Sonne ging nun jeden Tag ein wenig früher auf, man sagte: „Zu Weihnachten ein Mückenschritt, zu Neujahr ein Hahnentritt, zu Heiligdreikönig ein Hirschensprung und zu Maria Lichtmess eine ganze Stund'." Damit war auch der Weihnachtsfestkreis zu Ende. Viele Christbäume und Krippen wurden erst am 2. Februar, zu Lichtmess, ab- und weggeräumt. So wie zu Allerseelen die finsteren Tage begonnen hatten, so setzte der 2. Februar dieser Zeit einen Schlusspunkt. Nicht zufällig werden an diesem Tag in den Kirchen die Kerzen geweiht. Die helle Jahreszeit beginnt und gibt mit den länger werdenden Tagen schon eine Ahnung vom kommenden Frühjahr.

Wünsche zum neuen Jahr

Ein bisschen mehr Friede und weniger Streit
Ein bisschen mehr Güte und weniger Neid
Ein bisschen mehr Liebe und weniger Hass
Ein bisschen mehr Wahrheit – das wäre was
Statt so viel Unrast ein bisschen mehr Ruh
Statt immer nur Ich ein bisschen mehr Du
Statt Angst und Hemmung ein bisschen mehr Mut
Und Kraft zum Handeln – das wäre gut
In Trübsal und Dunkel ein bisschen mehr Licht
Kein quälend Verlangen, ein bisschen Verzicht
Und viel mehr Blumen, solange es geht
Nicht erst an Gräbern – da blühn sie zu spät
Ziel sei der Friede des Herzens
Besseres weiß ich nicht

Aus: Peter Rosegger, „Mein Lied"

Dank der Autorin

Mein besonderer Dank gilt der Bäuerin Ella Trippl aus dem steirischen Stanzertal, die, mitten im Sommer, für Fotoaufnahmen einen traditionellen Adventkranz gebunden hat. Ich danke auch ihrem Mann Fritz, der eigens für dieses Buch eine Papierkrippe gebastelt hat. Dafür hat er einen seiner kostbaren Bastelbögen aus den 1960er-Jahren geopfert.

Ich bedanke mich bei Klaus Seelos vom steirischen Freilichtmuseum in Stübing für die inspirierenden Gespräche. Auch Elisabeth Leskovar aus Gasen bin ich sehr dankbar, dass sie für mich eine hochinteressante Gesprächsrunde zusammengeführt hat. Bertha Schwaiger danke ich dafür, dass sie so freundlich war, mir ihre köstlichen Mundarttexte zur Verfügung zu stellen, die auf einzigartige Weise den Heiligen Abend bei Bergbauern beschreiben.

Ich bedanke mich bei allen, die mir ihre wunderbaren Keksrezepte weitergegeben haben, besonders aber bei Elisabeth Deutsch, die mir als Kostprobe sogar einige ihre vorzüglichen Ingwerkekse zukommen ließ.

Mein Dank gilt allen meinen Gesprächspartnerinnen und Gesprächspartnern aus der Steiermark, aus Oberösterreich, Salzburg, Kärnten und Wien und all jenen, die mir private Fotografien überlassen haben.

Vor allem aber danke ich meinem Mann Karl Friedl für seine unermüdliche Unterstützung und meinen Töchtern Kathrin und Marlene für Rat und Hilfe.

Inge Friedl, geboren in Bruck/Mur, ist Historikerin, Museumspädagogin und Autorin, unermüdliche Sammlerin und Archivarin. In Gesprächen mit Zeitzeugen und bei Recherchen in privaten Fotoarchiven erfasst und hält sie fest, was sonst für die Nachwelt verloren wäre. Im Styria Verlag erschienen von ihr schon zahlreiche Titel, zuletzt „Was sich bewährt hat".

Rezepte

Ein Hinweis zu den Rezepten: Angaben zu Zucker- und Mehlarten sind, wie es bei alten, überlieferten Rezepten oft der Fall ist, vage gehalten. Hier obliegt die Entscheidung der Bäckerin oder dem Bäcker.

Quellen

Trude Marzik, Dezember + ein ganz kleiner Weihnachtswunsch.
Aus: Trude Marzik, Weihnachten mit Trude Marzik. Paul Zsolnay, Wien 1992
Helmut Qualtinger, Travniceks Weihnachtseinkäufe. Thomas Sessler, Wien
Peter Rosegger, Als ich Christtagsfreude holen ging. Aus: Als ich noch der Waldbauernbub war. L. Staackmann, München 1972
Peter Rosegger, Der erste Christbaum in der Waldheimat. Aus: Waldheimat. Erzählungen aus der Jugendzeit. Bd. 4. Edition Holzinger, Berlin 2013
Peter Rosegger, Mein Lied. Gesammelte Gedichte. Edition Holzinger, Berlin 2017
Willi Tschemernjak, Kärntner Küche. Die klassischen Rezepte. Pichler Verlag, Wien – Graz – Klagenfurt 2014
Maria Ferschl, „Wir sagen euch an den lieben Advent", (c) Verlag Herder, Freiburg

Bildnachweis

Foto Cover: Marlene Friedl
Fotos Buchkern: S. 2 Familie Lutzmann, Irdning; 4 ATV/Interfoto/picturedesk.com; 13 Karl Friedl; 27, 30, 121, 139, 144, 169 Universalmuseum Joanneum/Slg. Volkskunde Graz; 36, 51, 53, 56, 118 Marlene Friedl; 46, 69 Franz Jäger, Parschlug; 59 Franz Hirtenfellner, Semriach; 66 Austrian Archives/brandstaetter images/picturedesk.com; 72, 97 United States Information Servic/ÖNB-Bildarchiv/picturedesk.com; 103 iStock/Getty Images Plus/clu; 110, 159 Johannes Sachslehner; 130 Familie Lengauer, Baumgartenberg; 146 Familie Hans Deutsch, Graz; 151 Nicole Richter; 165 Helmuth Weichselbraun.
Illustrationen: Getty Images/aleksandarvelasevic

Hat Sie dieses Buch in Weihnachtsstimmung versetzt?
Dann freuen wir uns über Ihre Weiterempfehlung!
Wünschen Sie weitere Informationen zu unseren Büchern?
Möchten Sie mit unserer Autorin in Kontakt treten?
Wir freuen uns auf Austausch und Anregung unter
post@styriabooks.at

Inspiration, viele Geschenkideen und gute Geschichten
finden Sie auf **www.styriabooks.at**

STYRIA
BUCHVERLAGE

ISBN 978-3-222-13740-2

Bücher aus der Verlagsgruppe Styria gibt es
in jeder Buchhandlung und im Online-Shop
www.styriabooks.at

Eine frühere Ausgabe des Buches erschien 2017
unter demselben Titel ebenfalls im Styria Verlag.

Lektorat: Nicole Richter (Erstausgabe), Philipp Rissel
Projektleitung: Elisabeth Fantner-Blasch
Cover- & Buchgestaltung:
Stefanie Muther/Isabella Schweizer, extraplan.at
Coverfoto: Marlene Friedl

Druck und Bindung: Florjancic
7 6 5 4 3 2 1
Printed in the EU